人工社会の可能性
03

artisocで始める
歩行者エージェントシミュレーション

原理・方法論から安全・賑わい空間の
デザイン・マネジメントまで

兼田敏之 編者代表
構造計画研究所創造工学部＋
名古屋工業大学兼田研究室

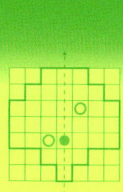
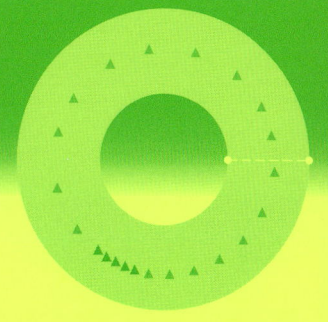

構造計画研究所

人工社会の可能性
03

artisocで始める
歩行者エージェントシミュレーション
原理・方法論から安全・賑わい空間の
デザイン・マネジメントまで

シミュレーションプラットフォームおよび
モデル・ファイルなどに関する注意事項
（必ず読んで下さい）

本書に付属しているCD-ROMには，株式会社構造計画研究所が開発したマルチエージェント・シミュレーションプラットフォーム「artisoc textbook 2.6」，ソースコードの閲覧が可能な「サンプルモデル (.model)」，シミュレーションの実行のみ可能な「バイナリーモデル (.binary)」（ソースコードは閲覧不可），日本語版と英語版の「ヘルプ」，日本語版の「マニュアル」，第17章の「シミュレーション動画 (.wmv)」(Windows Media Player [1]で再生可能) が入っています。株式会社構造計画研究所が推奨するartisoc textbookの動作環境として，Microsoft Windows XP/2000またはApple Mac OS X 10.5以降をOSとするパソコン上で，Java 1.5.0以上ならびにAdobe Acrobat Reader 7.0以上がインストールされていることが必要です。なお，artisoc textbookに関するサポートは，MASコミュニティ (http://mas.kke.co.jp) で行っています。

artisoc textbook 2.6は，基本的にartisoc academic 2.6と同等品であり，後者に備わっている機能をすべて使用することができます。ただしartisoc textbook 2.6には，書き込めるルールの総数が200行までである，入出力できるテキストファイルのファイル名が「input.txt」と「output.txt」の2つのみであるという制限がかかっています。もちろん，この制限は，本書で学習する範囲では何ら支障ありません。

本書の第Ⅲ部以降（第9章～第13章）で使用するバイナリーモデルについては，添付されているCD-ROMではソースコードを閲覧することはできませんが（サンプルモデルについては閲覧できます），株式会社構造計画研究所のウェブサイト上にある本書のページ (http://mas.kke.co.jp/books/ped/index.html) からソースコードの閲覧可能なサンプルモデルをダウンロードすることができます。ただし，ダウンロードしたサンプルモデルのソースコードは，本書でプログラムTipsとして解説するものと同一でない場合があることをご了承願います。なぜならプログラムTipsで解説しているものは，読者が理解しやすくするために，日本語の変数名や疑似コードを使用しているからです。

読者によるartisoc textbook 2.6のコンピュータへのインストールは，読者本人が所有または使用するコンピュータ1台のみに限らせていただきます。添付のCD-ROMの管理は，読者本人が責任をもって適切に行なって下さい。またartisoc textbook 2.6で構築したモデルに基づいて研究発表をする際には，その旨を発表資料などに明記して下さい。

なお，いかなる場合もインストールによって生じる対象コンピュータの記憶装置に記憶されたプログラムおよびデータの破損，損傷，変更，消失についての責任はいっさい負えませんので，ご了承願います。その他，artisoc textbookのご使用，あるいは本書で書かれているモデルや技法の使用によって，何らかの損失や影響が生じたとしても，本書の編著者，執筆者，出版社ならびに株式会社構造計画研究所はいっさいの責任を負えません。以上のことをご了承いただいた上で，artisoc textbook 2.6をご使用願います。

註
★1——Windows Media Playerは米国Microsoft Corporationの米国およびその他の国における登録商標または商標です。

人工社会の可能性 03
artisocで始める歩行者エージェントシミュレーション 目次
原理・方法論から安全・賑わい空間のデザイン・マネジメントまで

注意事項 —————————————————— ii

凡例 ————————————————————— ix

序章　歩行者エージェントシミュレーションへの招待 ————— 001

表0.1　本書における用語と略語 ————————————— 003

第Ⅰ部　人工社会パラダイムと歩行者エージェントモデリング

第1章　歩行者エージェントシミュレーションとは何か？ —— 007
- 1.1　本書の概要……007
- 1.2　今なぜ，歩行者エージェントシミュレーションなのか？……008
- 1.3　シミュレーションによる群集事故対策——ジャマラ橋の事例……011

第2章　歩行者エージェントモデリング研究の進展 ————— 013
- 2.1　実測・実験研究の歴史……013
- 2.2　群集密度−歩行速度の理論モデル……014
- 2.3　歩行者シミュレーションから歩行者エージェントシミュレーションへ……016
- 2.4　複雑系としての群集流……017

第3章　人工社会パラダイムとシミュレーションの方法論 — 019
- 3.1　人工社会パラダイム……019
- 3.2　人工社会パラダイムにおけるシミュレーション……020
- 3.3　構成的手法とシミュレーション……021
- 3.4　歩行者エージェントシミュレーションにおけるモデリングのあり方……023

第4章　歩行者エージェントのモデリング方略 —— 027

- 4.1　歩行者-群集流におけるミクロ=マクロ連関……027
- 4.2　歩行者エージェントモデルの段階的開発……028
  - 4.2.1　段階的開発アプローチ……028
  - 4.2.2　歩行者モデルの段階的類型化 —— 基本歩行モデル……029
  - 4.2.3　歩行者エージェントモデルの段階的類型化 —— 知的機能モデル……031
- 4.3　歩行者エージェントシミュレーションの技術方式……032
  - 4.3.1　空間表現の基本形式……032
  - 4.3.2　「時間刻み」とコンフリクト処理方式……033
  - 4.3.3　歩行者エージェントに及ぼす作用の表現方法……034

第 II 部　歩行者と群集流の基本知識

第5章　歩行者の空間行動を類型化する —— 039

第6章　人体尺度と群集密度 —— 045

- 6.1　人体尺度モデル……045
- 6.2　群集密度……045
- 6.3　歩行速度……050

第7章　群集流 —— 055

- 7.1　群集流の形状……055
- 7.2　群集密度と歩行速度の関係……057
- 7.3　流動係数……060

第8章　避難計画の基準 —— 061

- 8.1　避難計画における想定歩行速度……061
- 8.2　通路の種類別にみる想定流動係数……062
- 8.3　アーチング現象と避難計画基準……062
- 8.4　非常口までの通路長さと明快性……064

第III部 artisocで学ぶ歩行者エージェントシミュレーション

第9章 マルチエージェントシミュレーションプラットフォーム「artisoc」 ……069
- 9.1 artisocとは ……069
- 9.2 自然渋滞発生シミュレーション【交通での適用事例】……071
- 9.3 テレビの視聴者行動【マーケティングでの適用事例】……074

第10章 artisocで歩行者行動を表現する ……079
- 10.1 「連続空間」での移動 ……079
- 10.2 「セル空間」での移動 ……083
- 10.3 歩行者エージェントの発生と消失 ……088
- 10.4 群集密度と歩行速度の関係 ……090
- 10.5 障害物の表現方法 ……093

第11章 L字通路での群集流とその危険性 ……099
- 11.1 L字通路でもっとも気をつけること ……099
- 11.2 ASPFプロジェクトとその歩行者モデル ……101
- 11.3 ASPFの歩行行動ルール ……102
- 11.4 相対座標の導入
  ──セル空間用行動ルールを用いて連続空間を歩かせる方法 ……109
- 11.5 歩行者エージェントの固有速度の設定 ……112
- 11.6 群集事故分析への適用 ……113

第12章 商業施設の賑わいとイベント効果 ……115
- 12.1 商業施設イベントはどこでやればいいのか？ ……115
- 12.2 歩行目標維持機能 ……117
- 12.3 歩行目標更新機能 ……119
- 12.4 イベント参加ルール ……122
- 12.5 イベント実施場所による視認効果の違い ……130

第13章 遊園地のアトラクションの混雑と効果的なアナウンス　135

- 13.1 できるだけ待たずにアトラクションに乗りたい……135
- 13.2 遊園地モデルのメインルール……137
- 13.3 効用値による行動決定ルール……138
- 13.4 アトラクション入場・退出ルール……141
- 13.5 混雑制御のための効果的なアナウンスとは……145

第IV部　歩行者エージェントモデルが拓く研究領域

第14章 連続空間上における歩行者動力学モデル　151

- 14.1 Helbingらによる歩行者動力学モデル……151
- 14.2 平常状況のモデル……151
- 14.3 避難パニック状況のモデル……152
- 14.4 歩行者動力学モデルの意義……154

第15章 回遊行動のエージェントモデリング　157

- 15.1 回遊行動とは……157
- 15.2 行動選択モデルとマルコフ型回遊行動モデル……157
- 15.3 回遊行動のエージェントモデリング……159
  - 15.3.1 二種類の限定合理性モデル……159
  - 15.3.2 回遊行動エージェントモデリングの特徴……160
- 15.4 回遊行動のエージェントモデリングの研究事例……160
- 15.5 回遊行動エージェントモデリングの課題……162

第16章 歩行者シミュレーションモデル構築のための計測技術　165

- 16.1 歩行者シミュレーションモデル構築に必要なもの……165
- 16.2 計測技術……165
- 16.3 利用者数データの活用……168
- 16.4 エリア間移動データの活用……168

- 16.5 時間データの活用……170
- 16.6 各種調査結果との組合せ……170

第17章 超高層時代の新しい避難戦略の模索 ── 173
──超高層ビルでの3000人規模，避難戦略の評価とその意義
- 17.1 避難をシミュレーションで評価する意義……173
- 17.2 避難シミュレーションモデルの概要……175
  - 17.2.1 構成……175
  - 17.2.2 全体フロー……175
  - 17.2.3 避難者のモデル化……175
  - 17.2.4 エレベータのモデル化……177
- 17.3 シミュレーション事例……177
  - 17.3.1 評価概要……177
  - 17.3.2 シミュレーション結果……179
- 17.4 まとめと今後の展望……184

終章 自分のアイデアを実現してみよう ── 185

参考文献 ── 189
索引 ── 194

コラム一覧
- コラム 大阪千日デパートビル火災 ── 065
- コラム エスカレーターの不思議 ── 147

デザイン：米谷豪

凡例

◎本書で使用しているartisoc textbook 2.6は，添付CD-ROMのものと同一だが，構造計画研究所で随時アップデートしているので，異なるバージョンでは仕様が若干異なる場合がある．artisocのサポートについては，MASコミュニティ（http://mas.kke.co.jp）を参照すること．

◎ルールエディタにルールを書き込むとき，フォントの大きさやルールエディタの大きさにより，続けて書くべきルールが2行以上にわたる場合がある．本書では，本来なら続けて書くべきルールが，紙幅の関係で2行以上になるときには，さらに続く行の右端に「続行マーク（⤸）」を置き，次行の左端から，続くルールを印字している．実際に，ルールエディタにルールを書き写す場合には，改行しないで，続けて入力すること．ルールエディタの中での見かけ上の改行は，ルールエディタの幅や文字の大きさなどに従って，artisocが自動的に処理する．

◎出力マップ上のエージェントの表示色（固定色）やマーカー，時系列グラフの線の太さや色などはシステムが自動的に設定するが（デフォルト設定），適宜，好みに応じて，設定し直してもかまわない．本書でも，デフォルトと異なる設定をしている箇所がある．

◎印刷上の技術的理由により，一部の図はartisocウィンドウの実際の色と異なっている場合がある．

◎誤植やartisoc textbookのバージョンアップによる記述の訂正など，本書の内容の修正・更新は，随時，株式会社構造計画研究所のウェブサイト上にある本書のページ（http://mas.kke.co.jp/books/ped/index.html）に掲載する．

以上

序章　歩行者エージェントシミュレーションへの招待

　本書は，人工社会パラダイムに基づいて，「二次元空間・粒子アナロジー」による歩行者エージェントの空間行動のモデリングならびに，その開発プラットフォームであるartisocを用いてのシミュレーション事例を解説するものである．とくに，群集事故分析，避難計画の検討，場内アナウンスや賑わいイベント効果の予測，歩行空間デザイン等を事例として，普段プログラム言語を使わない読者にも歩行者エージェントシミュレーションの可能性を実感してもらえるよう努めた．また，読者自らが歩行者エージェントをモデリングする際の参考として，歩行者行動の特徴データを数多く取り上げたつもりである．

　歩行者エージェントシミュレーションが依拠する人工社会パラダイムは，ABSS（Agent-Based Social Simulation：エージェント・ベースド・社会シミュレーション）とも呼ばれ，その特徴として，自己組織化，複雑系，多主体系，ミクロ＝マクロ連関などをキーワードに含むものである．すでにわが国には，建築学や都市計画学といった分野において，歩行者の空間行動や群集流の実測研究や避難シミュレーションの研究伝統があり，これらは筆者にも馴染み深いものであった．しかし広く世界を見渡すと，この新しいパラダイムに緩く依拠した歩行者エージェントシミュレーション研究の進展が著しい．

　加えて，エージェントモデリングを容易にする開発プラットフォームが進歩している．(株)構造計画研究所が市販プラットフォームとして制作してきたartisocは，BASICとLOGOを組み合わせ発展させたエージェントモデリング言語と分かりやすい二次元空間表現が可能な点に特徴がある．元来，社会科学の教育用ソフトウエアであったが，歩行者の空間行動表現に好適なモデリング環境を備える前途あるプラットフォームである．また，学生・研究者を対象としたプログラム・コンペティションを継続してきた実績を有し，公開プログラムが充実しつつある．本書では，このartisocを用いて，読者を歩行者エージェントシミュレーションに招待する．

　本書は，筆者ならびに研究室のメンバー，卒業生と(株)構造計画研究所

創造工学部とのコラボレーションとして企画された。内容は，4つの部から構成され，第Ⅰ部では，長きに遡りうる歩行者研究の歴史ならびに1990年代以降に隆盛した人工社会パラダイムについて述べ，本書を学ぶ上での基本概念を説明する。第Ⅱ部では，実用指向の歩行者モデリングに欠かせない，歩行者の寸法，密度，群集流の速度などといった歩行者行動や群集流の特性について実測データを中心に解説する。

とくに，第Ⅲ部では，artisocを用いて作成された歩行者エージェントシミュレーションの実例を説明する。歩行者エージェントモデルのための空間表現として，セル空間・連続空間の二種類のサンプルプログラムを解説する。次いで，ASPFプロジェクトで開発されたセル型行動ルールを持ちながら連続空間を歩行するモデルとして，L字通路における群集対向流モデル（L字通路モデル），商業空間における賑わいイベント効果を検討するモデル（商業施設モデル），セル空間を用いたモデルとして，遊園地施設をめぐる情報アナウンスが影響を及ぼす歩行者の行動選択モデル（遊園地モデル），のシミュレーションを事例として取上げる。プログラム作成の参考になるよう，プログラム断片であるTipsを適宜，掲載した。

第Ⅳ部では，歩行者エージェントモデリングが拓く研究領域をいくつか紹介する。付録のCD-ROMには，artisoc textbookとサンプルモデルが用意されている。なお，カタカナ言葉の多い本書に取っつきにくい読者のために，用語集（表0-1）を示しておいた。

本書によって，広範な分野の読者が，自らの関心で歩行者エージェントシミュレーションに触れる際の手引になれば幸いである。人工社会研究の全貌やartisocの使いこなしに関心のある読者には，[0.1] [0.2] もあわせて読み進められることを勧めたい。

（兼田敏之）

表0-1 本書における用語と略語

用語	説明
システムモデル(モデル)	対象のある側面を抽象したシステム
モデリング	モデルを作成すること(抽象化・捨象を伴う)
シミュレーションプログラム (プログラム, シミュレーションモデル)	計算機プログラムとして表現されたモデル
システムシミュレーション (シミュレーション)	シミュレーションプログラムの計算機上の実行。シミュレーション結果やそのプロセスの検討をもって対象の特性解明や問題解決の手掛かりを得る。
エージェント	自律的に判断し行動する意思決定主体。限定合理性や適応・学習機能などを設計することもある。もともと, 計算機科学分野で提示された概念。
マルチエージェントシステム(多主体系)	複数のエージェントが相互作用する系。計算機科学分野で提示された概念の転用。社会システム科学では, 多主体系と呼ばれることもある。
人工社会パラダイム	対象である社会システムをエージェントとその相互作用系(多主体系)としてモデリングし(人工社会), シミュレーションを通じて, その対象の特性解明や問題解決に接近する研究方法。エージェント・ベースド・社会シミュレーションも, 同義で用いられる。
エージェント・ベースド・ 社会シミュレーション (ABSS: Agent-Based Social Simulation)	
複雑系	全体の挙動が, 要素システムの挙動特性から容易に想像できない「反直観性」を示すシステム。要素還元主義では解明できない。
自己組織化系	時間を経るにつれ全体秩序が創発される系
ミクロ＝マクロ連関	要素システムの挙動が全体システムの挙動に影響するとともに, 全体システムについての情報が要素システムの挙動に影響する系。社会システムに特徴的な性質。
歩行者	歩くひと。滞留者や避難者も含むことにする。
群集流	数多くの歩行者が形成するひとの流れの塊。個人の意図を超えた挙動を示すことがある。
歩行者モデル	歩行者のモデル。エージェント・アプローチ以前は, 粒体アナロジー, 流体アナロジーが知られる。本書では「二次元空間・粒子アナロジー」を扱う。
歩行者エージェントモデル (歩行者エージェント)	エージェントとして設計された歩行者のモデル
歩行者エージェントモデリング	歩行者エージェントを作成すること
歩行者エージェントシミュレーション	歩行者エージェントのシミュレーションプログラムの実行

第 I 部 人工社会パラダイムと歩行者エージェントモデリング

第1章 歩行者エージェントシミュレーションとは何か？

1.1 本書の概要

　本書は，理論・実用分野ともに急速な進展をみせる，歩行者エージェントシミュレーションをテーマとして，歩行者モデリングの解説を行なうとともに，シミュレーションプラットフォームartisocを用いて作成した歩行者エージェントモデルの典型例のいくつかを順に解説してゆく。

　エージェントとは，自律的な行動主体を指し，歩行者エージェントとは，自律的な判断を行なう歩行者のモデルを意味する。歩行者個々のミクロ的な行動の集積によって群集流というマクロ現象が形成される。計算機上に多数の歩行者エージェントを表現し，そのエージェントたちの相互作用として，群集流の現象特性を明らかにし，問題解決に役立てようとするのが，歩行者エージェントシミュレーションである。

　現在，歩行者エージェントシミュレーションは，複雑系科学が成果を挙げてきた群集流の現象解明といった理論面のみならず，群集事故リスク評価と防止策の検討，火災など非常時における避難計画の検討，さらには快適で「賑わい」のある歩行空間デザインといった実用面での応用が期待されている。

　歩行者シミュレーションの試み自体は，少なくとも四十年は遡ることができるが，こんにち，計算機性能の向上，モデリング環境の整備に加え，後述する1990年代以降に成立した人工社会パラダイム[★1]への基礎づけを通じて，理論・実用の両面で飛躍的な前進が見られた。

　本書は，このパラダイムの下，二次元空間・粒子アナロジー（'particle on 2D space' analogy）による歩行者エージェントのモデリングとそのシミュレーション事例を具体的に説明してゆく。

1.2　今なぜ，歩行者エージェントシミュレーションなのか？

歩行者エージェントシミュレーションが，現在なぜ注目を浴びているのかを実用面と理論面から以下の五点にまとめておく。

実用面

エージェントとは，もともと計算機科学において「ひと」のアナロジーとして成立した概念である。シミュレーションとは，一組の仮定群から導出される帰結を表現するツールであるが，人間行動を扱うエージェントシミュレーションは，これらの仮定群を従来よりも分かりやすく提示する（可読性）とともに，その帰結をビジュアルに示す（可視性）点に強みを持っている。

(1) 群集事故リスクの予測と対策の事前検討

現実を模擬した人間行動モデルと空間モデルを用いてシミュレーションを行なうことにより，局所密度が上昇しやすい要注意点を洗い出したり，群集誘導策を検討することが可能である。これは場所の屋内外を問わない。わが国の大規模イベントにおける群集誘導では，2001年明石歩行橋事故の裁判判決以降，主催者責任の原則が定着し，事前計画の重要性が増すこととなった。

(2) 大規模施設における非常時の避難方策の検討

また，歩行者エージェントシミュレーションにより，商業施設・オフィスや集客施設屋内における火災等の非常時における避難方策を検討することが可能である。また，避難行動プロセスをビジュアルに示すこともできる。2000年の建築基準法改正において性能規定の考えが打ち出され，避難安全検証法にシミュレーションが認められるようになった。技術フロンティアが進歩した現在，シミュレーションを通じての創意工夫しだいで，より自由度の高い建築空間デザインが可能になっている。

(3) 商業空間／賑わい空間における快適な歩行空間デザイン

ほんらい，人の集まる空間は安全で楽しいはずであり，またそのような空間では「賑わい」が自ずと創発される——このような都市論者J.Jacobsの言説を，いまやシミュレーションを通じて検討することが可能になりつつある。都市デザイナーが計画する歩行空間の安全性や賑わいを事前評価し，ま

た，賑わいイベントや広告アナウンスの効果を事前検討するツールとしての可能性が注目されている．

理論面

複雑系科学がもたらす知の地平の開拓が期待されている．
(4) 複雑系科学による群集事故の発生メカニズムの解明

90年代以降，複雑系科学では，層流形成やボトルネック部における対向流の振動的流動といった基礎知見のみならず，脱出パニック状況で性急な群集行動がもたらすボトルネック部での閉塞や層流秩序の崩壊といった群集事故発生メカニズムの理論モデルを提示し，注目を浴びた．さらなる研究の展開が期待されている．
(5) 自己駆動粒子のシステム特性の解明

前方に空隙があれば前進し他物が存在すれば停止するが，他物に「作用」を与えることはない――このような粒子はもはやニュートン物理学の対象となり得ず，自己駆動粒子 (self-driven particle) と称する概念が提唱されている．自己駆動粒子は，歩行者の行動モデルにとどまらず生体内のある種のタンパク質の挙動モデル等，自然界でも用いられるシステム概念とされ，とくにこれらのシステム特性の解明が期待される（[1.1]，p.18）．

かつて，シミュレーションには不遇の歴史があった．例えば，わが国の避難シミュレーションに限っても，1960年代からの計算機の導入以降，この開発に取り組む先駆的な研究が知られていた．しかし当時は，計算機性能が限られていた上，計算機自体も普及していないため，プログラム言語を理解するひとも限られ，さらには，歩行者モデルを表現するプログラム言語自体の「可読性」が貧弱であった．そのため，しばしばモデルは，計算機を理解しない実務者から「ブラックボックス」として，いわれなく「恣意的」との批判を受けることもあった．

この批判に対して筆者は次の立場を採る．モデルが現実を一部捨象して構成される以上，「恣意性」の完全な排除は原理的に不可能である．むしろ，多数の実務専門家の方々の知恵を取り入れての対象の問題事象を扱うに適切なモデルの構成，つまり，参加型モデリングが重要である．そのためのコミュニケーションにおいて，シミュレーション言語（モデル記述言語）の「可

第1章 歩行者エージェントシミュレーションとは何か？

読性」は大きな意味を持つ。これは，歩行者エージェントシミュレーションの可能性が期待されている一つの理由でもある。この点は特記しておきたい。

　時代は変わり，シミュレーションの有用性も認知されるようになった。2000年の建築基準法の改正は画期的な出来事である。

　この法改正では，建築物の避難安全に関して従来の仕様規定に加え，新たに性能規定が追加されることとなった。従来，一律の仕様規定が法令で定められ，これに従うことが義務づけられていたが，この法により安全面を検証し一定の性能を満たせば，材料や設備，構造など自由度を確保した設計が可能になった。

　とくに，避難規定においては，従来の仕様規定「ルートA」と新規に設けられた性能規定「ルートB」「ルートC」の3つが選択できる。

　「ルートA」は，一律に定められた従来の仕様規定に従う方法で，地方自治体（特定行政庁）の建築主事が確認を行なう。

　「ルートB」は，政令や告示で定められた計算式によって安全性を検証する方法で，「階避難安全検証法」と「全館避難安全検証法」の2つがある。「階避難安全検証法」とは，火災が発生した場合，その階のすべての人が直通階段まで避難を完成するまでに，煙やガスが避難上支障のある高さまで降下しないことを検証するものである。一方の「全館避難安全検証法」とは，火災が発生した場合，在館者のすべての人が，地上までの避難を完了する間に，煙やガスが避難上支障のある高さまで降下しないことを検証する。「ルートA」同様に建築主事が確認を行なう。

　これに対して「ルートC」は，告示で定められた計算式を用いずに避難安全性能を証明する方法である。具体的には，避難時の行動を予測し安全性を検証するなど，コンピュータを使っていくつものシミュレーションを行なう。ただし，「ルートC」に関しては，建築主事の確認だけでなく，国土交通大臣の認定が必要になる。

　これまで，建築基準法の防災に関する規定は，詳細に仕様が規定されており，決められた基準に沿っての設計が必要とされたが，同法によって避難安全が確認できた場合，一部の排煙口や防煙垂壁などの排煙設備を用いない設計が可能であれば，工事費や管理費の削減に繋がる。さらには，外観や内装の制限が緩和されるため，創意工夫によってデザインの自由度が高まると

いったメリットが生じる。

イギリスのグリニッジ大学におけるEXODUS[1.2]など，煙・ガスや火炎，あるいはより詳細な屋内空間を扱う避難エージェントシミュレーションも既に登場しており，近未来において歩行者エージェントシミュレーションの重要な応用分野になるであろう。

1.3 シミュレーションによる群集事故対策 ——ジャマラ橋の事例

ここでは，群集事故の怖ろしさとシミュレーションを通じた問題解決の例として，サウジアラビアのジャマラ橋の2006年群集事故について，主として報道記事によりつつ，取上げよう。

サウジアラビアの首都メッカの東端メナに位置するジャマラ橋（Jamarat Bridge）は，多くのイスラム教国の信者が訪れる参拝地の1つである。橋にある3つの柱を悪魔に見立てて各々7つの石を投げるという，悪魔払いの儀式があるため，例年，1日最大百万人もの巡礼者が集まる。1963年にこの橋は二層式の橋として建設されたが，「石投げ」が行事のクライマックスにあるため，群集事故が多発し，1990年代以降のみでも，94年（死者266人，負傷者98人），97年（22人，43人），98年（118人，434人），2001年（35人，179人），2004年（249人，252人）に事故が発生した。この群集事故とは，先行する群集がつまづいた際，後続の群集が彼らを後から押し倒し踏みつける，というものである。

事態を重くみたサウジ政府当局は，イギリスのStill博士らにジャマラ橋の再設計を依頼，博士らはこの橋を対象に歩行者シミュレーション技術を駆使して群集事故のメカニズムやその対策を多面的に検討，ワークショップを通じて橋の再設計案を提出する。政府は，この案を取り入れた多層橋の再建設を決め，この2006年の巡礼期を最後に二層橋は撤去されることとした。この2006年の群集事故は最悪のタイミングで起こった[1.3]。

2006年1月12日午後1時頃，死者346人，負傷者289人超の群集事故が発生した。もちろん2004年事故の経験を活かして，ジャマラ橋には，群集誘導のために避難通路，動線計画，誘導壁，大型モニタースクリーンなどが設けられ，6万人に上る要員が誘導にあたっていた。事故現場は，橋（図1-1）

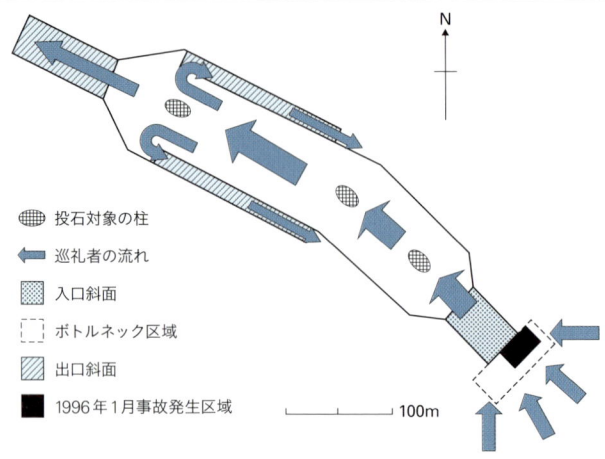

図1-1 2006年ジャマラ橋の群集事故

凡例:
- 投石対象の柱
- 巡礼者の流れ
- 入口斜面
- ボトルネック区域
- 出口斜面
- 1996年1月事故発生区域

の東端，動線計画上では上層にアプローチする幅45メートルの入口付近である。ここには，遠方からやってきた巡礼者たちの荷物が数多く放置され，これらに足を取られた人々が後からの群集に押し倒され踏みつけられたとみられる。むろん保安要員たちの事後措置が適切であったため，被害は最少限にとどめられた。この入口の前には，3本の主要幹線をはじめ数多くの巡礼路が収斂しており，Still博士は，「百万人を通過させるわずか45メートルのボトルネック」として，この箇所の事故リスクを最も懸念していた，という。

翌年に竣工した新設計のジャマラ橋は，動線計画が十分配慮された五層式で，多くの人々が同時に行事に参加できるよう，柱も太くされている。また，現在では，周辺一帯の群集誘導のために管制棟も設けられ綿密な動線計画が定められている。

（兼田敏之，崔青林）

註
★1——本書では，エージェント・ベースド社会シミュレーション（ABSS: Agent-Based Social Simulation）と同義。

第2章 歩行者エージェントモデリング研究の進展

2.1 実測・実験研究の歴史

わが国では，群集流の実測研究の歴史がある。すでに1930年代，白木屋デパートの火災が大規模建築物における避難研究を促すこととなる（[2.1] p.254, [2.2] p.245）。

避難研究では，建物からの脱出行動に擬せられる駅舎内の通勤者一方向流が実測対象とされた。通勤者一方向流における密度−速度関係の木村・伊原式（べき乗モデル）は，この実測値を用いた回帰モデルである。この実測研究の流れは，戦後にも引き継がれ，1950年代には戸川式（反比例モデル）も広く知られるようになる。1970年代に入り，大震災時における都市規模の避難研究が活発化した（[2.3] p.113）。また同時期，わが国に大きく影響を与えた実測研究として，屋外歩行者空間のサービス水準を論じたフルーイン式（線形モデル）もまた知られるようになる [2.4]。回帰モデルとしては，水平路一方向流，水平路対向流，水平路交差流，階段一方向流，階段対向流など，流動条件と歩行者の相互間隔に関する研究もあり，これらの一部については第III部で詳述する。

以下，代表的な回帰モデルを示す [2.5]。

v を歩行速度（m/s），ρ を群集密度（人/m^2）として，

(1) 木村・伊原式（べき乗モデル）

$$v = 1.272 \rho^{-0.7954}$$

(2) 戸川式（反比例モデル）

$$v = \frac{N}{\rho}$$

すなわち，

$$\log v = -\log \rho + \log N$$

（Nは群集流動係数，単位通路幅当たりの毎秒流出人数（人/m・秒），水平な通路の場合，$N=1.5$）

(3) フルーイン式 (直線モデル)

$$v = -0.417\rho + 1.433$$

　また，同時期，物理学者Hendersonは，自由歩行速度の分布を実測した[2.6]。ちなみに，自由歩行とは，他者や障害物の影響を受けない状況における個人の歩行を意味する。以降，盛り場の雑踏といった非通勤者流や，対向流，交差流，交錯流などの実測研究が進んでいる。90年代半ば以降，ビデオ計測等が普及するとともに，計測知見にも厚みがますます増している。

　また，実測研究に準じる研究として，実験計測の取り組みの報告も多い。例えば，地域避難計画のための研究として，速度の異なる同方向の2つの群集の追い越し実験などが知られる[2.7]。ただし，歩行者個々は，心理状況や環境条件等に応じて，その振舞いを敏感に変えるものであり，統制条件での実験が必ずしも非統制状況の実測に優るとは限らない，という指摘もある[2.8]。

2.2　群集密度――歩行速度の理論モデル

　70年代以降，一方向流の密度−速度関係については，理論モデルが提案されている。回帰モデルでもある定量流動モデル（反比例モデル）に始まり，流体力学モデル（対数モデル），安全間隔モデル（宮田モデル），間隔比例モデル，影響関数モデル（中村モデル）を経て，車両流の一般化モデルである追従モデル（交通動力学モデル）に至るまで，さまざまなモデルが提案されている[2.5]。

(1) 定量流動モデル (反比例モデル，戸川モデル)

$$v = \frac{N}{\rho}$$

　このモデルは，通路幅1m当たりの流動量をN（人/m・秒）としたとき

$N=v\rho$ で一定と仮定するものである。

(2) 流体力学モデル（対数モデル）

群集を一次元の圧縮性流体とみなし，自動車交通のモデルを歩行者流に転用したもの。

ただし，ρ_j は，この曲線における $\rho=0$ に対応する群集密度（毛利・塚田式）。

$$v = c\log\frac{\rho_j}{\rho}\, c(\log\rho_j - \log\rho)$$

$$v = 1.48 - 0.204\rho\,(\rho<1.5)$$

$$= 1.32\log_{10}\frac{9.16}{\rho}\,(\rho\geq 1.5)$$

(3) 安全間隔モデル（二次曲線モデル，宮田モデル）

群集歩行を列車などの運転になぞらえて，込み合ってくると，前のひとに追突しないように歩行速度に応じて減速し，必要なスペーシングを保つと仮定したもの。人々の前後間隔を s として下式のもとで歩行速度を解く。交通工学でも用いられる。

$$s = 1/\rho = Av^2 + Bv + C$$

たとえば，

$$v = -0.26 + \sqrt{\frac{2.36}{\rho}} - 0.13$$

など。

(4) 影響関数モデル（中村モデル）

群集密度が歩行者速度に及ぼす作用を仮定する。直線モデルを包含する。

$$v = v_m - ke^{-\alpha/\rho}$$

$$v = 1.4 - 1.7e^{-2/\rho}$$

(5) 追従モデル（交通動力学モデル）

自動車の交通流を一般的に記述する追従理論に基づくモデル。

$$v = C_1\log s + C_2 = + C_1\log\frac{1}{\rho} + C_2$$

ただし，

$m = 1$ ならば　　$f_m(v) = \log v$
$m \neq 1$ ならば　$f_m(v) = v^{1-m}$
$l = 1$ ならば　　$f_l(s) = \log s$
$l = 1$ ならば　　$f_l(s) = s^{1-l}$

このモデルは，反比例モデル，対数モデル，直線モデル，べき乗モデル，指数モデル，二次曲線モデルを包含する。

m = 0, l = 0 :　反比例モデル
m = 0, l = 1 :　対数モデル
m = 0, l = 2 :　直線モデル
m = 1, l = 1 :　べき乗モデル
m = 1, l = 2 :　指数モデル
m = −3, l = 0 :　安全間隔モデル

歩行者流の場合，以上のモデルの適用範囲は$\rho = 1 \sim 4$（人/m²）であり，この範囲内であればどのモデルの算出結果は大きく異なるものではない。流体モデルは文字どおり歩行者流を流体のアナロジーで捉えようとするものであり，これに対して安全間隔モデルなどは歩行者を粒子のアナロジーで捉えようとしたものである。ともに衝撃波（shockwave）の影響を扱うことができる。

2.3　歩行者シミュレーションから歩行者エージェントシミュレーションへ

　一方，個々の歩行者行動を擬したコンピュータ・シミュレーションの研究報告は，すでに1970年前後にはわが国でも登場していた（[2.2] pp.260-272）。以降，1980年代を通じて，施設や都市空間の避難安全性評価を目的とした実用指向モデルのみならず，対向者の回避行動特性の再現といった理論指向モデルも数多く報告された。これまでのモデルに比べて，より実際に即した空間状況や人間行動特性を扱うことができるなど，コンピュータ・シミュレーション・モデルには，数々の利点があったものの，計算機の性能不足やプログラミング言語などのモデリング環境の点で，歩行者シミュレーショ

ン・モデルの潜在的利用者にとって敷居が高く，その難解さを理由にしばしば敬遠されてきたのも事実であった．

1990年代に入り，複雑系科学分野において，セル・オートマトンを発展させた歩行者モデルや歩行者の動力学モデルが登場して，群集流が固有に持つ複雑系現象の究明が試みられた．これらの多くは理論指向の研究であり，次節でより詳しく触れたい．加えて，計算機科学分野におけるマルチ・エージェント・システムの概念を導入した歩行者モデルは，とくに歩行者エージェントモデル（たんに，歩行者エージェント）と呼ばれるようになり，実用指向の研究も盛んになってきた．

自己組織化，複雑系，マルチエージェント，ミクロ＝マクロ連関といったシステム概念を扱う人工社会（あるいはABSS）パラダイムが成立し，プラットホームの開発も進められ，モデリング支援環境が整備されて，現在に至っている．

2.4 複雑系としての群集流

わが国における群集流の研究者も，日常的な群集流の規則性として，層化現象，プラトーン（分隊化）現象，近道行動，左側（片側）通行や，パニック時に生じやすい群集流の現象として，滞留，閉塞，アーチング現象を挙げている[6.1][6.5]が，90年代にHelbingらは，複雑系科学の立場から数理モデルの提案やシミュレーションを通じてこれらの現象の説明を試み，いくつかの知見を得ている（[14.4]他）．主なものとしては，日常群集流における(1)層化現象や(2)ボトルネック部での二方向流の振動的流動，(3)ミクロ動因の集積による片側通行の形成，(4)「通り抜け(trail)」の形成，避難パニック状況における歩行者の性急な行動が引き起こす，(5)衝撃波や(6)層流秩序の崩壊，(7)ボトルネック部での閉塞効果，一方通行路における(8)路幅拡大部が引き起こす渋滞，(9)立止まりや引返しがもたらす「幽霊パニック」，(10)充煙時における1つの非常口のみへの群集の殺到，などが知られている．

（兼田敏之）

第3章 人工社会パラダイムとシミュレーションの方法論

3.1 人工社会パラダイム

　まず，社会システム科学における一つの有力な研究規範である，人工社会パラダイムを，本書が依拠する方法論として説明する。法則命題を探究する従来の還元主義の科学で用いられていた演繹・帰納といった思考法に加えて，人工社会パラダイムでは計算機によるシミュレーションを多用する点に特徴がある。この特徴を強調した，エージェント・ベースド・社会シミュレーション（ABSS）とも，意味は同じである［3.1］。まず，人工社会パラダイムを理解する上で鍵となるシステム概念について順に説明を加える。

(1) 自己組織化（self-organization）：要素間の相互作用プロセスから構造的秩序が形成される現象。このような性質を持つシステムは，自己組織系と呼ばれる。自己組織系は，もともと自然システムのモデルとして提示され，のちに社会システムのモデルにも転用されるようになった。

(2) 複雑系（complex system）：各要素が互いに相互作用する機構を有しており，各要素の挙動から全体挙動が容易に想像できない「反直観性」を示す系。複雑系科学では，還元主義パラダイムが適用できない系として，複雑な現象を複雑なまま理解しようとする。自己組織系は複雑系の一種である。一般システム概念としての確立には，80年代半ば，サンタフェ研究所の貢献が大きいとされる。

(3) マルチエージェントシステム（multi-agent system）：エージェントとは，自律的な意思決定主体を意味し，もともと「ひと」のアナロジーとして計算機科学分野で提示されたものである。マルチエージェントシステムとは，多くのエージェントが相互作用する系を称する。社会システムのモデルとして，多主体系と和訳されることもある。

(4) ミクロ＝マクロ連関（micro-macro link）：社会システム科学では，個々の主体の行為（ミクロ動因（micro-motive））の相互作用により全体状況（マクロ挙

動 (macro-behavior)) が出現するとされる．ミクロ＝マクロ連関とは，これに加えて，マクロ状態 (全体状況) に関する情報がミクロ的な個々の主体の行為に作用を及ぼすメカニズムも併せ持つことを称する．もともと，社会システムのモデルとして提示されたものである．

ここで本書における人工社会パラダイムについて説明を加える．人工社会パラダイムとは，対象である社会システムをエージェントとその相互作用系 (多主体系) として社会のモデル，すなわち，人工社会 (artificial society) を構築し，そのシミュレーションを通じて，その対象の特性解明や問題解決に接近する研究方法を指すものである．シミュレーションを通じてのマクロ状態の「創発」が強調されることも多い．

3.2　人工社会パラダイムにおけるシミュレーション

シミュレーションとは，実現象である検討対象が与えられた際，その挙動を模擬しようとする企てである．検討対象についてシステムモデルを構成し，計算機上でそのモデルを表現したプログラムを計算しながら，理論探究や問題解決などへの手がかりとするために行なう．また，シミュレーションは，人間の思考の産物であるモデルを計算機を援用して「外部化」し「可視化」する企てであり，共同作業や理解共有を促す効果も併せ持つ．

シミュレーションは，これまで，一組の前提 (シミュレーションプログラムやパラメータ条件設定) から帰結を導出する「前向き推論」のツールとして語られることが多かったが，現在，計算機性能の向上により，例えば，前提を変更させながら，ある帰結が導出される前提の範囲を絞り込む，といった「後向き推論」も可能になってきた．例えば，事故原因の究明の際，事後検証においてすべての前提を明らかにできるとは限らない．それでもシミュレーションによる前提の絞込みが原因究明の手がかりとなることもあり得るだろう．この考えをアルゴリズムとして洗練させた手法として，寺野のグループの提唱による「逆シミュレーション」が知られている [3.2]．ややアドホックな語用であるが，最近見かける「シミュレーション分析」の意味もこれに近い．

加えて，構成的手法とでも呼ぶべき使い方がある．これは，用意した前提

から予想される帰結が得られるかを確認することにより，前提のなかに不整合性（internal inconsistency）や論理の断線（missing link）が混入していないかを検討するものである．帰結を得る上で支配的な前提部分を見出し，その詳細な検討や精緻化を図ることにも用いられる．シミュレーションが固有に持つ長所はこの用法にあり，次節で述べたい．

3.3 構成的手法とシミュレーション

　構成的手法（constructive approach, analysis by synthesis）とは，いわば，システムを作って動かすことにより理解を深めようとする方法であり，分析的・記述的方法と相互補完的な関係にある．

　ここで，構成的手法として少なくとも3つが考えられる．

(1) 構成的論証：命題論証の方法として構成的手法はすでに存在していた．Von Neumannは，「腕を持つ機械」を構成することにより自己増殖機械の存在を論証したことで知られる[1]．
(2) 構成的システム解析：特性が既知の要素システムのみから新しい全体システムを構成し，その特性を調べる．あるいは，特性が未知の要素システムを含む全体システムを構成することにより，その要素システムの特性を推察する．
(3) 構成的モデリング：検討対象のモデルとして，要素システムを組み合わせて全体システムを構成し，そのシステムモデルの挙動と検討対象の挙動を比較検討することにより，要素システムの入換え，要素システム間関係の組替えといった，適合するモデルへの改良の手掛かりを得るとともに，検討対象の特性解明や問題解決への含意を探る．（[3.3], p.31）

　構成的システム解析と構成的モデリングには，ともにシミュレーションが有効である．ただし，構成的システム解析は，システム自体の特性を解明ことが目的とするのに対して，構成的モデリングは，実現象の特性を解明する，もしくは問題解決に迫ることを目的として，システムモデルを構成する点に特徴がある．また，後者の構成的モデリングでは，システムモデルと検討対象の「突合せ」の繰返しを通じて，実現象の特性解明や問題解決に接近

し得る点に特徴がある。本書で述べる歩行者エージェントシミュレーションは，おもに構成的モデリングによることにする。

　ここで，構成的モデリングによるシミュレーションの標準的なプロセスを説明する。

　まず，実現象である検討対象のある側面を切出し抽象化するとともに，他の側面を捨象することにより，システム表現されたモデルを作成する。このモデルは，システムモデルとも呼ばれる。モデルを作成する行為は，モデリングと呼ばれる。シミュレーションを必要とする検討対象は，雑多な要素現象の組合せである場合が多いであろうから，モデリングの際には，複数の既成理論を取捨選択あるいは合成することも考えられる。このモデルを，計算機上のプログラムとして表現する。このプログラムはシミュレーションプログラム，あるいはシミュレーションモデルと呼ばれることもある。ここで表現と呼ぶのは，プログラムとモデルが一対一に対応するとは限らず，多対一の対応を許容するためである。モデルをシミュレーションプログラムに変換する作業は実装（implementation）と呼ばれる。プログラムが設計者の意図どおり動作しているかについての検査は，動作検証（verification）と呼ばれる。これはプログラムとしての「正しさ」を検討するものである。

　このプログラムを用いて，検討対象に応じたパラメータや条件に値を与え，計算機を演算実行することにより，シミュレーション結果を算出する。シミュレーション結果は，検討対象との突合せを行なうことにより，必要に応じて，パラメータや条件の値の変更，プログラムの修正，システムモデルの修正，場合によっては依拠する理論の変更を行なうこともある。これらの注意深い「吟味過程」を通じて，特性解明や問題解決への含意を探る。この「吟味過程」を経て，最終的にモデルの妥当性検証（validity check）が行なわれる（図3-1）。

　なお，エージェントシミュレーション研究におけるKISS（Keep It Simple and Stupid）原理について触れておく。KISS原理は「馬鹿馬鹿しいほどの単純さを保て」というエージェント研究の心得を指すことが多いが，これは理論指向モデリングにおける「オッカムの剃刀」に相当すると解釈することができる。一方，雑多な要素の総体（mess）とも言える現実世界を対象とした問題解決指向のシミュレーションモデルでは，既知・未知の混在する要素シス

図3-1 構成的モデリングの標準プロセス

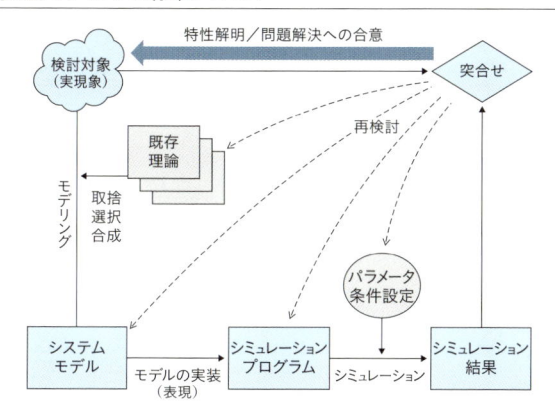

テムの組合せからモデルを構成し「突合せ」を通じて問題状況を精緻化する作業を伴うことも考えられるため，KISS原理にあまりかかわらず，むしろ実務的有用性（practicality）を重視する。以降，断りがなければ，本書ではおもに後者の立場を採る。

3.4 歩行者エージェントシミュレーションにおけるモデリングのあり方

　本書で扱う歩行者エージェントシミュレーションでは，モデルの妥当性検証を含む，モデリングのあり方について，次の3点に示す立場を採る。

　第一に，シミュレーションプログラムについてである。構成的モデリングを通じて形成されたモデルは，反証可能性を有している。ここで反証可能性とは科学哲学者Popperによるもので，検証対象である実現象と適合しないモデルは「誤り」と言えるが，適合しているモデルがすなわち「正しい」とは言い切れず，新たなデータがそのモデルを反証しうる可能性を留保することを強調したものである。これまで社会科学の実証モデルにおいて通有されてきた考え方であるが，社会システム科学ではこれをシミュレーションプログラムにまで拡張しようとする。その際，シミュレーションプログラムは，形成したシステムモデルの一表現として，再現性を満たしている必要がある。ここで言う再現性とは，追実験できる，という意味である。

第二に，シミュレーションプログラムの開示についてである。モデルが現実を一部捨象して構成される以上，「恣意性」の完全な排除は原理的に不可能である。むしろ，多数の実務家の方々の知恵を取り入れての検討対象を扱うに適切なモデルの構成，いわば，参加型モデリングが望ましい。ここで，シミュレーションプログラムの公開がモデルの妥当性検証に大きな意味を持つことになる。モデルの内容上の妥当性には，多数の実務家の議論を交錯させた詳細な検討プロセスが必要不可欠である。その開示検討を可能とするためには，シミュレーションプログラム言語の「可読性」が前提となる。
　第三に，シミュレーションプログラムの進化についてである。プログラムが開示されれば，コミュニティ内でクリエイティブコモンズを形成することにより，関心のある者がシミュレーションプログラムをダウンロードして，改良したりバージョンアップさせることも考えられる。この考え方は，Axelrodによる繰返し囚人のジレンマ競技会に端を発するエージェントシミュレーションならではの研究文化でもある。これは「車輪を再発明する」愚を避ける知恵であるが，プログラムの進化を促すとともに，モデル作成の効率を向上させる。

　ここで，シミュレーションプログラム言語とプラットフォームについて触れておきたい。かつて，シミュレーションプログラムの作成には，汎用プログラム言語を用いることが多かった。モデル作成者は，汎用言語を扱う上，シミュレーションに不可欠な入出力操作のためのプログラムもまた自作する必要があった。60年代のDYNAMOなど，扱うシミュレーションモデルのクラスを限定したシミュレーション用言語が登場することにより，これらの敷居は低くなったが，前述の構成的モデリングのためには少なからずの試行錯誤を必要とするため，モデル作成者の負担は重たかった。90年前後以降，Stellaのようなユーザーインターフェイスに優れたプラットフォームが登場するに至り，モデル作成者の負担は大きく軽減した。プラットフォームの選択が重要な所以である★2。
　また，モデルの妥当性検証に，プログラマのみならずより多くのひとが参加するためには，シミュレーションプログラムの「可読性」は高いほうがよい。歩行者エージェントシミュレーションの根幹にあたる歩行者エージェントモデルを作成する場合，エージェントの視点からの動作命令を有す

るLOGO様の言語は都合がよい．また，小回りの効くインタープリター汎用言語であるBASICは，ユーザ層が厚い．歩行者エージェントシミュレーションの記述言語を選択する上で重要な点である．

　ここまで来れば，読者は難しく考える必要はないはずだ．構成的モデリングとは，言ってみれば，つくりながら考えることである．本書で用いるartisocは，エージェントモデル作成の敷居が低く，入出力のインターフェイスも好適である．また，公開プログラムが充実している．読者が，作成したモデルの妥当性を公に問いたいならば，公開コンペティション等を通じて開示すればよいのである．

（兼田敏之）

註
★1──自己増殖機械の概念を洗練するプロセスでセル・オートマトンが考案された．
★2──国産のエージェントシミュレーションのプラットフォームとして，東京工業大学出口研究室によるSOARS（Spot Oriented Agent Role Simulator）が知られる［3.4］．多スポットを扱う大規模社会シミュレーションに強味がある．

第4章 歩行者エージェントのモデリング方略

4.1 歩行者－群集流におけるミクロ＝マクロ連関

　群集流は，もちろん歩行者個々の行動の集積にほかならない。しかし，ほんらいその要素である歩行者個々の意図を超えて群集流が振舞うこともある。群集事故もそのような時に生じやすい。

　ここで，歩行者行動と群集流の関係を，ミクロ＝マクロ連関として，図4.1に示す。図では，下段中央に歩行者個々の空間行動が，上段中央にその行動の集積である群集流が布置している。個々の歩行者は，各自，(1) 年齢・性別・体格などの属性，(2) 各歩行者の空間行動類型(第5章)などの歩行者属性(下段左側)の下で，(1) 速度・方向といった物理量，(2) 位置関係による視界，(3) 歩行空間のメンタルマップ，(4) 冷静／動転といった心理的状態，を持ち，空間行動を選択する主体として捉えることができる。

　個々の歩行者の行動は，その場における(1) 屋内外，とくに採光・換気・騒音などのマクロ条件や，(2) 空間の規模や形状，(3) 水平路，階段，斜路，エスカレーターといった床面の特性，などの歩行空間特性(上段左側)に影響されながらも集積することにより，群集流が形成される。

　群集流には，(1) 一方向流・対向流・層流・交差流・交錯流・追越流などの群集流パタンがあり，(2) 密度や流動係数といった物理量，(3) パニック的な群集心理の有無がある。これらが，(4) 歩行の快適感や不快感，さらには将棋倒しなどの群集事故リスクを規定する。さらに，群集流の状態が，個々の歩行者行動に影響を与えるなど，マクロからミクロへの相互作用の根幹を形成する。

　いまや大規模イベントには群集誘導は不可欠であり，全体アナウンスや群集整理といった誘導情報(上段右側)が個々の歩行者に情報提供を行なう。また，日常的には，道案内のような案内標識や他の視認情報，さらには，道尋ねといった局所情報(下段右側)もまた，個々の歩行者に対する情報源とな

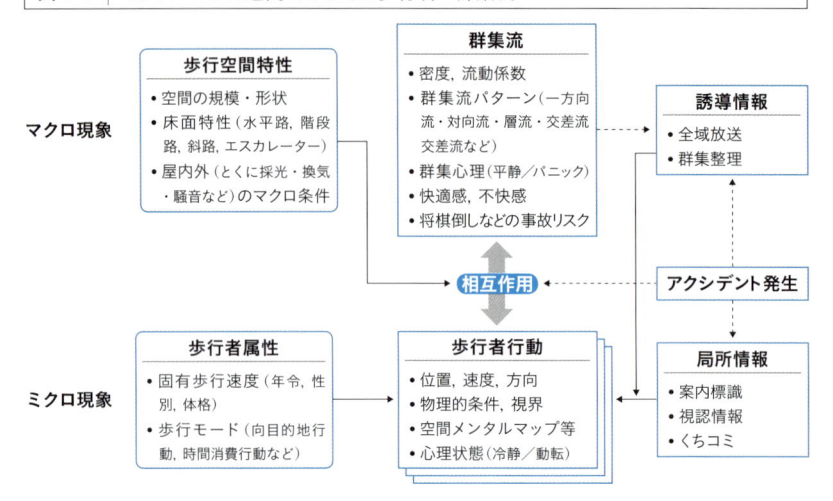

図4-1 ミクロ=マクロ連関でとらえた歩行者−群集流

マクロ現象

歩行空間特性
- 空間の規模・形状
- 床面特性（水平路、階段路、斜路、エスカレーター）
- 屋内外（とくに採光・換気・騒音など）のマクロ条件

群集流
- 密度、流動係数
- 群集流パターン（一方向流・対向流・層流・交差流、交差流など）
- 群集心理（平静／パニック）
- 快適感、不快感
- 将棋倒しなどの事故リスク

誘導情報
- 全域放送
- 群集整理

相互作用

アクシデント発生

ミクロ現象

歩行者属性
- 固有歩行速度（年令、性別、体格）
- 歩行モード（向目的地行動、時間消費行動など）

歩行者行動
- 位置、速度、方向
- 物理的条件、視界
- 空間メンタルマップ等
- 心理状態（冷静／動転）

局所情報
- 案内標識
- 視認情報
- くちコミ

る．屋内火災のようなアクシデント発生時には，上下段右側の情報提供の仕組みが重要であることは，言うまでもない．

　安全な歩行者空間をデザイン／マネジメントするためには，これらの要因を考慮することが不可欠である．

4.2　歩行者エージェントモデルの段階的開発

4.2.1　段階的開発アプローチ

　この節では，実用指向の歩行者エージェントのモデリングを扱う際，基本モデルをベースに，実測研究・実験研究とつねに「突合せ」をしながら，歩行者エージェントに高次機能を順次組み込んでゆくという，段階的開発アプローチに沿って解説を行なう．

　この開発アプローチを説明するために，関連する既存研究を4つの群（図4-2）に整理する．第一の群は，歩行者行動ならびに群集流の実測研究・実験研究である．この群には，基礎知見から実務応用，ミクロからマクロ，平常時からパニック時までじつに多種多様な研究事例が集積している．第二の群は，歩行者個々のミクロ行動の集積から群集流のマクロ現象の創発を構成する歩行者の基本モデルの研究である．この群には，物理現象アナロジーの物理粒子モデル，セル・オートマトンモデルやこれを発展させたセル空間モ

図4-2 歩行者エージェントの段階的開発アプローチ

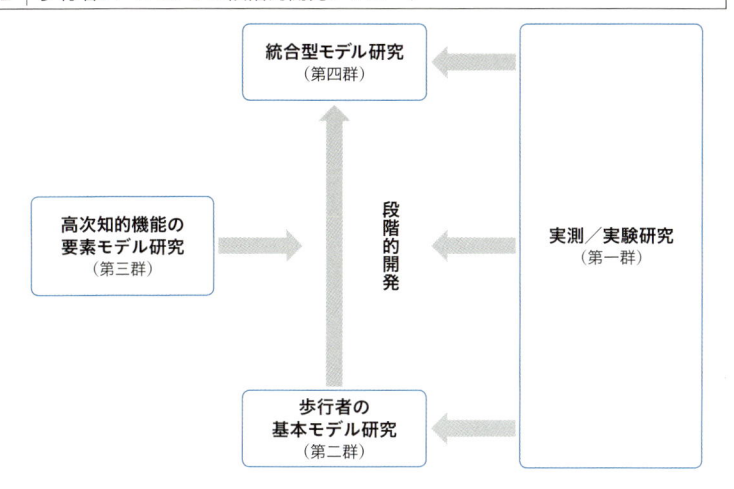

```
         統合型モデル研究
          （第四群）
              ↑
高次知的機能の        段        実測／実験研究
要素モデル研究  →   階   ←    （第一群）
 （第三群）          的
                    開
                    発
              ↑
         歩行者の
         基本モデル研究
          （第二群）
```

デル，歩行者動力学モデルなどが含まれる．ただし，多くの場合，歩行者は単に他者を回避しながら直進する存在に過ぎない．3節で詳しく述べる．

　ここで，段階的開発とは，この歩行者モデルに対して，実測・実験研究からの知見と突合せながら，経路選択や歩行トリップ形成，立寄り順序計画といった，より高次の機能を段階的に組み込む統合化を意味する．第三の群は，これらの要素機能についてのモデル研究である．以前からOR，交通計画，人工知能分野等からで研究されてきたものが多い．これらについては，4節で述べたい．そして第四の群は，GISのような空間情報システムを用いて，歩行者エージェントモデルと空間モデルの統合を目指す応用指向の統合型モデルに関する研究である．

4.2.2　歩行者モデルの段階的類型化——基本歩行モデル

　まず直線状通路を想定して，歩行者エージェントの基本モデルを段階に分けて解説する．

　一方向流における歩行者行動の特徴として，(a) たとえ群集が前を塞いでいたとしても迂回を嫌い（ミクロレベルの直行性），(b) 時間に追われておらず急いでいない場合，各々が固有な巡航速度（属性や状況で異なる）を好み（巡航速度の固有性），(c) 他の歩行者や歩行境界や障害物とある間隔を保つ（間隔保持性）が，(d) その間隔は急ぐ際や密度が大きい場合には短くなる（間隔の可変

性），などがよく文献に挙げられている。

　歩行者の各々に着目する限りカオス的な動きを示すが，平常時における歩行者流は，驚くほどの規則性を示す，というのが研究者のあいだで一致した見解である。この節では，これら行動を表現する歩行者モデルを順次構成する。

(1) 物理粒子モデル：ニュートン物理学の法則に従う粒子のアナロジーを用いる。多数の歩行者からなる群集流は流体のアナロジーで扱われる。低密時には気体，中高密時には液体や粒状媒体のアナロジーで扱われることも多い。このアナロジーを支えるのは，(a) 雪上の足跡が液体の流れに似る，(b) 対向流境界では粘着性 (viscous fingering) が生じる，(c) 立ち止まり群集を通過する群集流は，河床 (river bed) に似る，(d) 高密度の場合，歩行者は自発的に層流を形成する (lane formation)。これは，粒状媒体における分離や層化現象に似る，(e) ボトルネック部において歩行者通過方向が振動する。これは塩水振動子や「砂時計」に比される，(f) 前方に押し出された群集の密度が衝撃波の伝播に似る，(g) パニック群集におけるアーチング (arching) や閉塞 (clogging) が，粗い粒子の「詰まり」に似る，といった観察研究からの知見である。

(2) 自己駆動粒子モデル：他者に近づくまで前進，近づくと停止，ただし，他者に近づかれても作用を受けない粒子によるモデルとされる。「体積排除効果」を持つが「作用＝反作用」法則が成立しない点で，物理粒子モデルと異なる。一次元セル・オートマトンでは，Wolframの184番ルールによるモデルが該当する。

(3) 相互作用機能モデル：歩行者は，対向者が同じ軌道で直進してきた際，最低限どちらかの歩行者が他者を避ける行動を採る。この対人距離を保持する人間の空間行動の実測研究が蓄積されている。対人距離を保持する行動には回避動作のみならず減速動作も含む。また，壁などの障害物についても回避動作や減速動作を行なう。前述のモデルにこれらの機能を付加したものを総称してここでは相互作用機能モデルと称する。このモデルに及んで，歩行者の基本モデルと呼ぶことができる。ただし，このモデル自体は，他者や障害物を回避しながら，たんに直進する存在に過ぎない。

4.2.3　歩行者エージェントモデルの段階的類型化——知的機能モデル

本節では，UCLグループのSTREETSプロジェクト[4.1][4.2]を参考にして，歩行者エージェントモデルへの高次知的機能の付加について順次，説明する。図4-3に機能レイヤーを示す。

(4) 歩行目標維持機能モデル：歩行者にとって視認できる当面の目標は歩行目標あるいは経路通過点（waypoint）と呼ばれる。その歩行目標に向かう歩行者であれば，頻繁に行き交う他者の群れを回避しながら，定期的に自らの位置と歩行目標から歩行方向を修正して前進することであろう。この機能は，自己位置把握（navigator）と方向修正（Helmsman）の二つのメカニズムを設けることにより実装できる。これは，制御機能である。前段階のモデルにこの機能を付加したモデルがこれにあたる。

(5) 経路選択機能モデル：複雑な形状の空間であっても，歩行者にとって既知，すなわち正確なメンタルマップを持っているのであれば，歩行目的をノードとした歩行経路ネットワークを形成できるであろう。このネットワークにおいて目的地までの経路（歩行目標のリスト）を選択する機能，実際の歩行には歩行目標到達に次の歩行目標に更新する機能をさらに付加したモデルがこれにあたる。ネットワークを与件，経路最短化原理とした合理性モデルが基本型となろうが，それ以外の場合，例えば，メンタルマップが未知で新たに経路ネットワークを形成する場合（探訪行動，第5章で触れる）などの，最短化原理以外の空間行動のモデルが目下の研究課題となっている。

(6) 計画機能モデル：ショッピングセンターや商店街における買い物行動などの回遊行動では，巡回セールスマン問題などで定式化されるような順路最適化が採られず，経路長に冗長性が存在することが研究から明らかになっている。エージェント内部に，事前にスケジュール表へ用事を割付け，概ねこれに沿った行動，すなわち計画機能をさらに付加したモデルが目下の研究課題となっている。

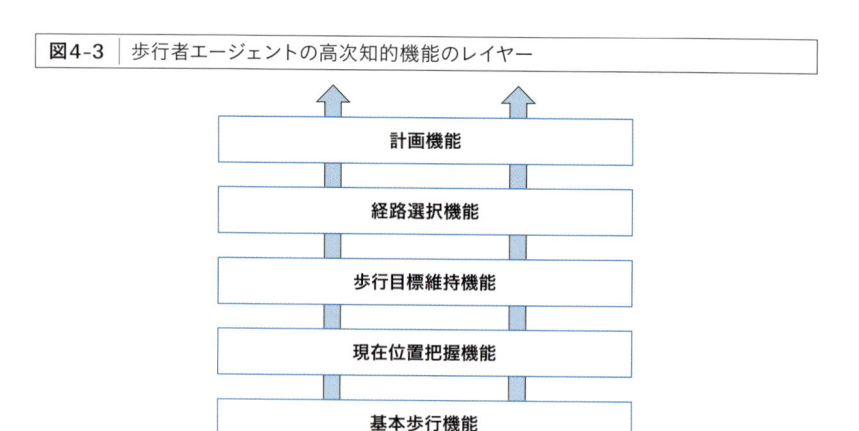

図4-3 歩行者エージェントの高次知的機能のレイヤー

```
計画機能
  ↑
経路選択機能
  ↑
歩行目標維持機能
  ↑
現在位置把握機能
  ↑
基本歩行機能
```

その他，知的機能を付加したモデルとして，例えば，適応学習機能などの導入もまた研究されている．

4.3 歩行者エージェントシミュレーションの技術方式

この節では，歩行者エージェントシミュレーションのために知っておくべき技術方式をいくつか説明する．

以降，本書では，とくに断りがない限り，歩行者エージェントを二次元平面における40cm四方のセルに入る粒子（particle）として表現する．この大前提を「二次元セル空間・粒子アナロジー」と呼ぶ．

4.3.1 空間表現の基本形式

空間表現の基本形式には，(1) 連続空間表現，(2) セル空間表現，(3) ネットワーク表現，のおよそ三種類が考えられる（図4-4）．これらを組み合わせた空間表現も考えられる．例えば，震災時避難研究のエージェントシミュレーションでは，ネットワーク表現におけるリンクに幅員を設け，内部をセル空間で表現したモデルも報告されている [4.3]．

(1) 連続空間表現：二次元座標により，歩行者が行動する空間を表現する．歩行者エージェントの位置は座標上に表わされるとともに，速度・方向は

図4-4 空間表現の類型

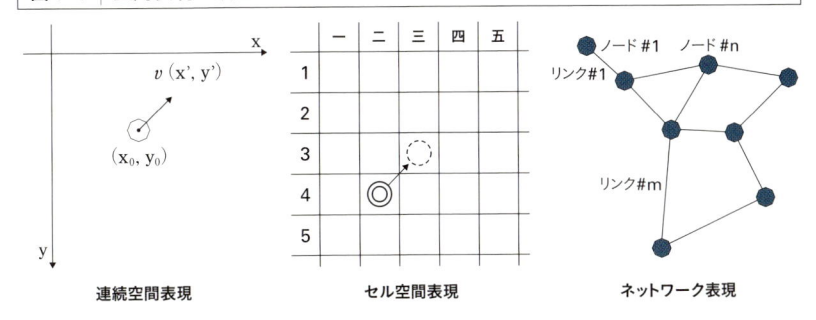

| 連続空間表現 | セル空間表現 | ネットワーク表現 |

ベクトル表現される。第14章で解説するHelbingらの歩行者動力学モデルは，連続空間における微分式として定式化されている。

(2) セル空間表現：二次元空間をグリッドに分割し，その各々をセルと呼ぶ。歩行者エージェントは，ある一つのセルに位置するとし，そのセルから別のセルに位置を移すことで行動を表現する。とくに，セル当たりの歩行者エージェント数の上限を1とした場合，セル間のエージェントの行動は，移動前の点灯セルを消灯するとともに移動先のセルを点灯することにより，表現される。歩行者の行動ルールをIF～THEN形式のセル間移動として記述することも多い。セル空間は連続空間を離散化するが故に位置表現が粗くなる点（離散近似）に注意を要する。

(3) ネットワーク表現：対象の空間を交差点等のノード（点），ならびに，二つのノードを繋ぐ通路としてのリンク（線分）の集合として，対象空間を表現したもの。歩行者エージェントシミュレーションでは，各ノードには座標情報，各リンクに経路長を導入することにより，GIS上に地図情報等を重ね合わせて歩行者エージェントの空間行動を表現することができる。

4.3.2 「時間刻み」とコンフリクト処理方式

例えば，微分式で記述された歩行者エージェントモデルでも，計算機上では無限小の単位時間を用いることができないため，シミュレーションにおいては差分式として扱うことになる（差分近似）。ここでは，1ステップ当たりの単位時間を「時間刻み（time slice）」と呼ぶが，その設定には，検討対象の性質のほか，計算量制約への考慮も必要となるだろう。

また，ステップごとに複数のエージェントを動作させることをアップデー

ティングと呼ぶが，この場合，例えば，歩行者エージェントが同時点に同地点に存在するなどの不都合が生じることもある．これはエージェントどうしのコンフリクトと呼ばれる．これらのコンフリクト処理を扱うために，計算機科学分野において，すでに複数の相互干渉処理方式が知られている．

　コンフリクト処理方式を大別すると，アップデーティングの際，(1)「移動」にかかわるすべてのセルを前期の情報を用いて並列的にアップデートしたのち，コンフリクトしているエージェント間について別途の処理を行なう，あるいは，(2) すべての歩行者について順序を設けて局所的に移動のアップデートを行なってゆく——のいずれかである．前者は並列アップデート (Parallel Updating: PU)，後者は直列アップデート (Sequential Updating: SU) と呼ばれる．前者の並列アップデートには，コンフリクト処理を行なわない方式 (PUN: Parallel Updating with No conflict resolution) もある．直列アップデートは，コンフリクト処理を必要としないので計算が単純であるが，その適用順序によって計算結果が異なるという経路依存性が存在する点に注意が必要である．また，ステップごとに，乱数を用いてエージェントの動作順序を与える乱数直列アップデート (Random Sequential Updating: RSU) もよく用いられている．例えば，本書で用いるartisocでは，コンフリクト処理方式としてRSUが用いられている．

4.3.3　歩行者エージェントに及ぼす作用の表現方法

　個々の歩行者エージェントは，他者や壁などの障害物の存在によって作用を及ぼされる．ここで触れておくのは，これらの作用として，社会作用力 (social force) とフロアフィールド (floor field) という2つの表現方法についてである．

　社会作用力とは，周囲の「他者」の各々から受ける作用力の合成を指し，毎期この力を算出して歩行者エージェントの行動に作用を及ぼすものとする．第14章で解説する歩行者動力学モデルは，その典型例であり，社会作用力として対人回避力と集団凝集力を扱っている．なお，壁などの障害物も「他者」に準じるものとして扱われる．

　フロアフィールドとは，床 (平面) 側に与えられたポテンシャル値を指す．歩行者エージェントは，次ステップに移動可能な地点 (セル) のうち，この値の比較を通じて移動地点を選択する．動かない障害物の作用については，初

期値として予め与えておけばよいので，計算量の節約に繋がる．とくに，壁などの通行不能空間はポテンシャル値を予め0にしておけばよい．この考え方はスタティックフィールド (static field) と呼ばれる．一方，自ら追従しようとする他者などは，ステップごとに各地点のポテンシャル値を算出して用いる．これはダイナミックフィールド (dynamic field) と呼ばれる．

典型例として，セル空間上の歩行者モデルでフロアフィールドの概念を用いたものに，Bursteddeのモデルがある [4.4][4.5]．これは移動可能セルごとの選択確率を，その場所が持つスタティックフィールドとダイナミックフィールドの2つのポテンシャル値の積に比例させるものである．とくにダイナミックフィールドは，他者の歩行軌跡が「フェロモン」として残ったものと解釈されることがある．

第12章で説明するASPFモデルでは，社会作用力と経路ネットワークをおもに用いて，複雑な形状の空間行動を表現しようとする．一方，フロアフィールドもまた，ポテンシャル値の与え方次第で，第17章で説明するように，同様な空間行動を表現することができる．一長一短があり，また，併用も考えられる．

〔兼田敏之〕

第Ⅱ部 歩行者と群集流の基本知識

第5章 歩行者の空間行動を類型化する

　歩行者の空間行動は，実に多種多様なものであり，これまで長年にわたり観察・実測・実験研究が蓄積されている。また，これらの知見に基づき，じつに多種多様な空間行動のモデリングが研究されてきた。そこで本章では，本書で扱う内容を念頭において，歩行者の空間行動を類型化するとともに説明を加えてゆく。まず，(1) 目的条件，(2) 状況ならびに心理，(3) 正確なメンタルマップの有無，(4) 音声コミュニケーションの有無，の4つの項目に着目して，(a) 向目的地行動，(b) 時間消費行動，(c) パニック行動，(d) 反社会的行動，に類型化しよう。(図5-1)

(a) 向目的地行動：目的条件が「地点の到達」にある歩行行動を指す。この行動の例を順に挙げてゆく。
　(a-1) 通勤行動：向目的地行動の典型例である。通勤行動の特徴として，目的地は職場・自宅といった明確な地点，状況／心理は「平常・冷静」，正確なメンタルマップを持つ点が挙げられる。通勤行動は，概して無駄がなく「合理的」行動と言え，実測研究の事例も多い。
　(a-2) 探訪行動 (wayfinding)：初めての場所を訪ねる行動が典型例である。目的地は明確に定まっているものの，正確なメンタルマップを持っておらず，経路は試行錯誤によらなければならない。標識のような局所情報の提供が大きな意味を持ち，建築計画学における研究テーマとなっている [5.1]。

　火災・震災時などにおける屋内の避難行動もまた，目的条件が「安全地点への到達」であり，この向目的地行動の範疇に属する。ただし，安全地点が常に定まっているとは限らない。というのは，ふだん安全と思われている地点が危険に晒されていることもあり得るからである。避難行動もまた，その「合理性」の程度によっていくつかに分類できる。
　　(a-3a)　避難行動Ⅰ：目的地は安全な場所，状況／心理は「平静・冷静」，

| 図5-1 | 歩行者の空間行動の類型化 |

(a) 向目的地行動(「地点の到達」が目的条件)
　　(a-1) 通勤行動 (routine behaviour)
　　(a-2) 探訪行動 (wayfinding)(メンタルマップが不完全)
　　(a-3) 避難行動 (evacuation)
　　　　(a-3a) 避難行動Ⅰ(合理的,メンタルマップ完全)
　　　　(a-3b) 避難行動Ⅱ(メンタルマップが不完全,(a-2)に近い)
　　　　(a-3c) 避難行動Ⅲ((c)に近い)

(b) 時間消費行動(「時間予算制約下での総効用の最大化・満足化」が目的条件)
　　(b-1) 回遊行動 (shop-around behaviour)
　　　　(b-1a) 回遊行動Ⅰ(合理的,メンタルマップ完全)
　　　　(b-1b) 回遊行動Ⅱ(メンタルマップ不完全,(b-2)に近い)
　　(b-2) 探索行動 (exploration)(メンタルマップが不完全)

(c) パニック行動(性急で利己的な行動)

(d) 反社会的行動(「反社会目的の遂行」が目的条件)

　　正確なメンタルマップが有り，安全な場所を予め知っている。避難行動のなかで最も「合理的」な行動である。オフィス従業員等の避難計画のモデルとされ，(a-1)の通勤行動のモデルにより代用されることもある。
(a-3b) 避難行動Ⅱ：目的地は安全な場所，状況／心理は「平静・冷静」，ただし安全な場所は予め知らされていない，あるいは，メンタルマップ(の少なくとも一部)に未知，誤認を含む。商業施設などの来訪客に対する避難計画のモデルとされる。(a-2)の探訪行動に近い特徴を持ち，実際には追従行動を採る者も多いとされる。危険が迫りつつあるため，非常標識や音声コミュニケーションによる誘導が不十分な場合，より「非合理的」な行動に転じやすい。
(a-3c) 避難行動Ⅲ：避難行動Ⅱにおいて，停電や感煙などで状況に異常が生じたり，悲鳴や怒号などにより心理状態が動転したりすると，「合理性」を著しく損なう行動を採りやすい。室崎は，その際の「非合理的」選択行動として，(1) 帰巣行動，(2) 追従行動，(3) 日常動線への回帰，(4) 安全機器などへの固執，(5) 至近距離選択，(6) 易視認経路選択，(7) 直進性，(8) 危険場所回避，(9) 付和雷同，(10) 向光性・向開放性行動，を挙げている(表5-1)。付和雷同に到る心理が動転する場合，(c)

表5-1 屋内避難者が陥りやすい行動特性([5.2]を改編)

特性が顕著となる場合	避難行動特性	行動内容
建物に慣れていない人（メンタルマップのない人）	(1) 帰巣行動	入ってきた経路を逆に戻ろうとする傾向で、初めて入った建物など、内部を知らない場合に多く現れる
	(2) 追従行動	先行する避難者や、他の人が逃げる方向についていく
建物に慣れている人（メンタルマップのある人）	(3) 日常動線への回帰	日頃から使い慣れている経路や階段を使って逃げようとする
	(4) 安全機器への固執	認識している安全な避難階段等の経路、あるいは、自分が安全だと考えた経路に向かう
建築空間の特徴に応じて	(5) 至近距離選択	一番近くの階段や経路を選択する
	(6) 易視経路選択	目につきやすい避難口や階段に向かう、あるいは、目についた誘導標識の方向に向かう
	(7) 直進性	見通しのきく真っ直ぐな経路を逃げる、あるいは突き当たるまで経路を直進する
危険が迫った場合	(8) 危険場所回避	煙がただよっている階段を避ける等、危険場所を回避する
	(9) 付和雷同	多くの人々が逃げる方向を追いかけ、人の声や指示に従う
	(10) 向光性行動 向開放性行動	煙の充満している中で、明るい方向、開かれた感じの方向に向かう

のパニック行動に転じやすい。対策として、臨機応変で的確な避難誘導のほか、避難経路の明確性を挙げることができる。

その他、向目的地行動には、競技行動や逃走行動なども含まれるが、ここでは立ち入らない。

(b) 時間消費行動：この行動は、盛り場や遊び場といった「楽しみ」や「賑わい」の空間でみられる人間行動であり、目的条件は「与えられた時間予算 (time budget) の下での総効用の満足化」とでも特徴づけられるものである。この行動の例をいくつか挙げよう。

(b-1a) 回遊行動 I：目的条件が「複数の用事の達成（総効用の最大化・満足化）」、正確なメンタルマップ有りとして特徴づけられる行動であり、「合理的」行動として解釈できる。通いなれた商店街やドラッグストアでの買物行動が典型例として挙げられる。

(b-1b) 回遊行動 II：目的条件が「複数の用事の達成（総効用の最大化・満足化）」であるが、メンタルマップの一部未知または誤認により特徴づけられる行動である。通いなれた商店街やドラッグストアであっても店舗

が入れ替わっていたり，商品レイアウトが変更されているなど，メンタルマップと現実世界が異なっている場合も考えられる．また，遊園地や観光地の来訪客がアトラクションを周遊する場合も，この範疇に入るであろう．広告アナウンスや看板のディスプレイが，その行動に影響を及ぼす．

(b-2) 探索行動 (exploration)：正確なメンタルマップを持たない際，その場の探索を動機として生じる行動を指す．目的条件をあえて明記すれば「メンタルマップの拡充」とでもなるだろう．順路を設けない欧米の美術館における来訪者のように，視界展開の好奇心を動機とする行動もこの範疇に入る．この行動を，Turnerらは「自然な動き (natural movement) [5.3]」と呼んで，歩行者エージェントモデリング研究を行なっている．

その他，時間消費行動としては，いわゆる「散歩」といった習慣行動や運動，思考整理行動などを考えることもできるだろう．

(c) パニック行動：パニック行動とは，各個人が自分自身の安全を脅かす事態を避けようとして，他者の配慮を無視して行なう，非合理かつ無秩序な行動の集積を意味する．この行動は，群集のすべてが利益・安全を確保できるとは思えない状況，言い換えれば，利益・安全に希少性が存在し，その早急な確保を皆が望む際に生じうる．心理状態の動転を伴うのが普通．密集場所における火災のように生命への危険が生じる際，パニック行動は生じやすいとされるが，それ以外の場合，例えば，音楽コンサートでの座席取りをきっかけとしたり，明らかな理由もなく生じることもある．ただし，事故の事後検証で説明のつかない原因が事故当事者たちのパニック行動として安易に解釈されるという社会心理学者の指摘もある [5.4]．パニック行動の特徴として，(1) 神経質で素早い動作 (2) 視野狭窄ないし盲目的な行動 (例えば，他の出口を見出せない)，(3) 他のひとの行動への追従，(4) 押し合い，(5) ボトルネック通過時の非協調的行動，(7) 渋滞，アーチング，閉塞現象の発生，(8) 幅1m当たり最大4,500Nに達する危険な横圧力などが知られる．

(d) 反社会的行動：目的条件が「反社会的目的の遂行」にある行動．暴動

(mob, riot)，テロリズム (terrorism) が該当する。暴動は，群集心理が働いたもので，個々人の心理が動転しているのが普通である。空間行動研究とは限らないが，社会シミュレーション研究において，これらをテーマに扱う研究も増えているが，本書ではこれ以上踏み込まない。

（兼田敏之）

第6章 人体尺度と群集密度

6.1 人体尺度モデル

　人体寸法は歩行者のモデリングにおいて重要な意味を持っている。ショッピングセンターなどにおける通路幅や動線の計画のほか，災害予防・避難計画等の緊急時にも用いられる。例えば，転倒・転落防止には人間の重心の位置や視野が問題となり，手動による機器操作には目の高さや腕の長さが問題となる。また避難行動における空間デザインでは，人間の肩幅や投影面積が問題となる。

　姿勢（手ぶら・バッグを持つ・車椅子に乗る）ごとにおける人体寸法を表6-1に示す。成人男性の場合，肩幅58cm，体の厚み30cm，成人女性の場合，肩幅48.4cm，体の厚み25.2cmとなる。なお，季節による着衣の違いにより，投影面積は大きく異なる。これらの値は春夏の合服の状態を示しており，冬場のように厚着になると，男性の場合2.4～4.4cm，女性の場合2.7～3.9cm増加し，投影面積は約40%増加する。

6.2 群集密度

　Fruinは，肩幅60cm・体の厚み45cmを基本寸法（人体楕円）とした空間モ

表6-1　いろいろな姿勢の人体寸法と占有面積（[6.1]p.5を抜枠・加筆）

姿勢	投影形状		間口寸法 (mm)	奥行寸法 (mm)	占有面積 (mm²)	占有率 (%)
何も持たずに自然に立っている		男	580	300	174,000	100
		女	484	252	121,968	70.1
ショッピングバッグを持っている		男	587	426	250,062	143.7
		女	484	323	156,332	89.8
車椅子に乗っている			700以下	1200以下	840,000	482.8

※1　占有面積は，姿勢を破線で囲んだ部分の面積
※2　占有率＝100×（占有面積）/（何も持たずに自然に立った男子の占有面積）

表6-2　歩行者行動と歩行者密度（[6.2]p.56を改編）

対象	サービス水準	密度：ρ(人/㎡) カッコ内 単位空間 モジュール M=1/ρ (㎡/人)	歩行状態 自由歩行速度の確保	追越しの自由度	衝突の可能性	交通量（一方向流の場合）	適用範囲
水平路	A	0.3未満（3.2以上）	完全確保	自由	全くなし	最大交通量の20%以下	混雑の時間的ピークや設計上空間的制約のない公共建物や広場など
水平路	B	0.3〜0.45（2.3〜3.2）	ほとんどの場合に確保	一方向流なら自由	交差・対向流でわずかに生じる	最大交通量の20%〜50%	周期的にあまり厳しくない混雑のピークが生ずる公共建物・駅など
水平路	C	0.45〜0.7（1.4〜2.3）	ある程度の制限が生ずる場合がある	同左	交差・対向流の生じる場でかなりある	最大交通量の50%〜65%	設計上空間的制約があり、利用者のかなり多い公共建物・駅など
水平路	D	0.7〜1.1（0.9〜1.4）	大部分の歩行者が不可	ほとんど困難	かなりの確率で生じる	最大交通量の65%〜80%	最も混雑の激しい公共空間にのみ適用可
水平路	E	1.1〜2.0（0.5〜0.9）	すべての人が不可	全く不可	極めて高い	最大交通量達成	短時間に大量移動の必要のある駅・野球場など特殊ケースのみ可
水平路	F	2.0以上（0.5以下）	極度の制約、前進はすり足	同上	接触なしの移動は不可	流動は制御不能で麻ひ状態、あるいは停止	歩行路の設計には不可
階段	A	0.5未満（1.9以上）	完全確保	自由	全くなし		混雑のピーク、面積的制約のない公共建物など
階段	B	0.5〜0.7（1.4〜1.9）	ほとんどの歩行者が確保	若干の困難が伴う	対向流ではわずかに生じる	前後5段、左右0.9〜1.2mの間隔確保	周期的にピークが生じ面積的制約が厳しくない公共建物・駅など
階段	C	0.7〜1.1（0.9〜1.4）	ある程度の制限を受ける	同左	対向流では生じる	前後4〜5段、左右0.9m確保	周期的にピークが生じある程度の面積的制約を受ける公共建物など
階段	D	1.1〜1.5（0.7〜0.9）	ほとんどの歩行者がある程度の制限を受ける	かなり困難	対向流ではかなり生じる	前後3〜4段、左右0.6〜0.9m確保	厳しいピーク需要のある混雑する公共建物・駅など
階段	E	1.5〜2.5（0.4〜0.7）	すべての人が不可	全く不可	極めて高い	前後2〜4段、左右0.6m。流れが間欠的	短時間に人の出入りがある駅・野球場など特殊ケースのみ可
階段	F	2.5以上（0.4以上）	極度に制約	同上	接触なしの移動は不可	流動は麻ひ状態、極めて危険	階段の設計には不可

水平路・階段のサービス水準
単位占有面積Mは一人当たりの占める面積で密度ρの逆数となる

表6-3 静止状態の群集密度レベル（[6.3] p.135より）

密度(人/㎡)	状態
1.0	雨の日に群衆の一人ひとりが傘をさしている状態。JR新幹線のグリーン車内の密度。
2.0	床座で少し詰めた状態。ゆったりした劇場の客席の密度。長期にわたって人間を収容する場合の限界
3.0	窮屈な映画館の座席の状態。前後左右を詰めて並んで待っている群集の状態。
4.0	野球場のスタンドのベンチシートに並んで腰掛けた状態。混雑度150％（定員の1.5倍）の通勤電車内の密度。
5.0〜6.0	満員のエレベーター内の状態。前後に接触はなく、触れ合う程度。週刊誌は読めるが落とした物は拾いにくい。混雑率200％の通勤電車内の密度。
7.0	肩や肘に圧力を感じる。7.5人/㎡でも人と人の間にかろうじて割り込める。手の上げ下げもできる。
9.0	人と人の間に割り込むことは困難である。
10.0	周囲から圧を感じる。
11.0〜12.0	周囲からの体圧が強くなり、あちこちから悲鳴が出る。
13.0	うめき声や悲鳴が多くなる。

デルを用いて、群集密度と快適／不快（サービス水準）を考察したことで知られる（表6-2）。

　直径60cmの円を充填した空間（密度3.3人/㎡、以降、密度では単位を省略）は、各人が自然に立っているとき触れ合わない、言い換えれば、エレベーターで混んでいないと感じる限界とされる。直径90cmによる空間（密度1.4）では、通り抜けの際に他者と触れ合うことが避けられない。直径105cmによる空間（密度1.0）では、他者は横向きにより通り抜けできる。直径120cm（密度0.8）では、他者はふつうに通り抜けできる。

　さらに、これらの考察と実測・観察研究に基づいて作成された水平路と階段路のサービス水準の分類を表6-2に示す[★1]。水平路について言えば、自由歩行速度の確保には概ね密度0.45以下、追越しの自由さの確保には概ね密度0.7以下、衝突の可能性が生じないのが概ね密度0.33以下である。最大交通量は、およそ密度1.4で達成される。なお、自由歩行とは、他者を意識しない歩行を指している。

　また、静止状態における密度1から13までの群集密度について、表6-3に示す。図上において密度限界近くまで詰め込んだ場合を図6-1aに、その足元の状態を図6-1bに示す。これらを見ると千鳥型に配置した場合、間隔は芯々で前後179mm、左右349mmと人体寸法の60％程度まで圧縮されてい

第6章 人体尺度と群集密度　047

図6-1a 人間を千鳥型に詰め込んだ場合の限界([6.1]p.10より)

密度は16人/㎡、間隔は芯々で前後179mm、左右349mm。

図6-1b 千鳥型に密度16人/㎡で詰め込んだ場合、足型の詰まりかた([6.1]p.10より)

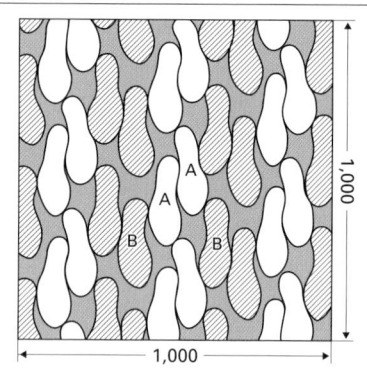

AとA、BとBが各々対になっている

る。ただし、生死のほどは分からない。

　群集事故には、後方の人が前方の人を突き倒し、突き倒された人がさらにその前方の人を突き倒すことが繰り返される「将棋倒し」と、互いにもたれあっていた高密度群集のバランスが崩れて、群集が雪崩を打つように塊状に多方向に倒れ込む「群集なだれ」の2つのタイプがあるとされる。将棋倒しは、基本的に後方から前方に線状に転倒が展開していき、密度3〜5程度の比較的低密度でも発生するのに対し、群集なだれは密度10以上でないと発生しないと言われている(表6-4)。

表6-4　将棋倒しと群集なだれの比較（[6.4]p.105より）

密度(人/㎡)	将棋倒し	群衆なだれ
発生する群集密度	密度3～5人/㎡程度でも発生	密度10人/㎡以上でないと発生しない
力の作用	転倒時に力が発生	転倒前から力が作用
転倒の順序	後ろから前に	前から後ろに
転倒の形状	線状に1方向	塊状に多方向

図6-2　群集密度と圧力の関係（[6.2]p.135より）

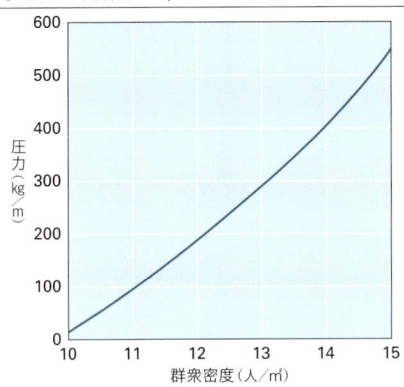

　また，群集密度と圧力の関係を求めた実験によると，密度10当たりから圧力が生じ始め，密度12～13の状態では壁幅1m当たり3.5～3.6人が並び，壁を押す力は200～450kg/m程度に達する（図6-2）。

　密度の感覚を養うために，まず，電車の事例についてとりあげる。電車は，座席数に立席数を加えた数を定員として勘定される。図6-3は，JRの代表的な通勤用車両であるが，床面積50，座席数54名，立席90名で定員は144名であり100%乗車の場合の密度は2.85となる。また，新幹線の場合では，一般車両は1.62／人，グリーン車は1.04／人となっておりグリーン車ではかなりゆったりした状態であることがわかる。なお，これらの値は夏場などの薄着の状態を表わしており，冬場のような厚着の状態では人体の断面積が約40%増加することから通勤電車などでの混雑は激しくなる。

　次に，ホームにおける電車待ちのような自然発生型行列を事例にとりあげる。行列の密度は線密度として表され，群集の1m当たりの人数で長さ方向

図6-3 通勤電車の車両([6.4]p.154より)

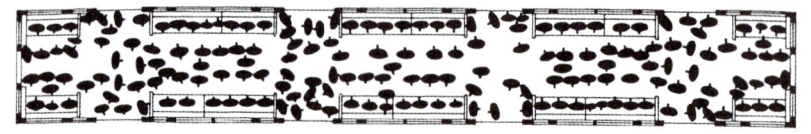

※山手線内回り，池袋－目白間，1977.8.23，AM10時ころ，乗客約180人，乗車率125％
(日本車輌工業会：旅客車サービス設備近代化の研究，報告書5，アコモデーション，1978.3による)

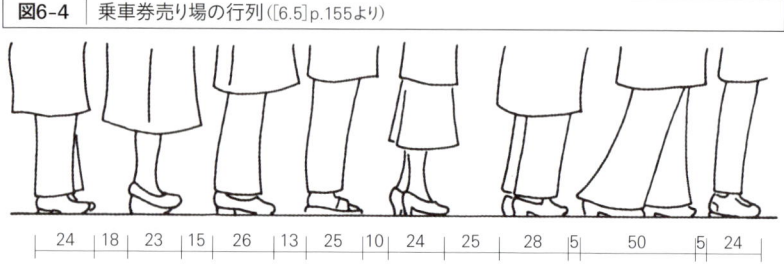

図6-4 乗車券売り場の行列([6.5]p.155より)

24 | 18 | 23 | 15 | 26 | 13 | 25 | 10 | 24 | 25 | 28 | 5 | 50 | 5 | 24

※単位：cm，線密度：2.5人／m
※阪急梅田駅，1975.12.3，水，18時の状況．木坊子敬貢氏の調査による．

に計測する。図6-4に示すように，行列が1列の場合2.5人／m程度，2列では3.5～4.5人／m程度，3列では5～5.5人／mであるが，団子状になった行列では9人／mを超えることもある。行列の密度は，場所と時刻，および並ぶ人の心理状態や慣習によって変化する。

6.3 歩行速度

まず，歩行速度の実測研究の古典的実例として，図6-5にHendersonによるものを示す。この図は，シドニーのとある横断歩道における歩行者個々の速度分布を示しているが，その形状は正規分布とみなされる。

他者を意識しない歩行を自由歩行と呼ぶが，その自由歩行速度を規定する条件は数多く存在すると考えられる。[6.1]によれば，その条件はおよそ5項目に整理される。

a. 肉体的条件：性別，年齢，身長，体重，健康状態など
b. 集団的条件：グループの人数，種類，群集密度，対向者の有無，横断

図6-5 横断歩道を歩行する628人の歩行者の速度分布（[2.6] p.381より）

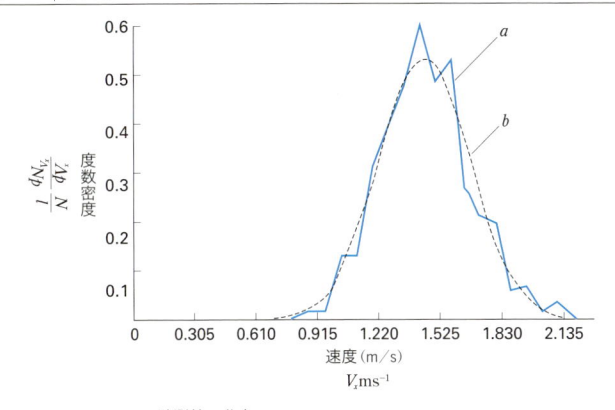

$\dfrac{1}{N}\dfrac{dN_v}{dV_s}$ 度数密度

速度(m/s)
$V_s \mathrm{ms}^{-1}$

a：計測値の分布
b：正規分布
平均速度＝1.44 m/s
標準偏差＝0.228 m/s

者の有無など
c. 服装条件：被服，履物，携帯品の種類と重量および形状など
d. 心理的条件：歩行目的，感情，場所の熟知度など
e. 環境条件：季節，天候，気温，風向，時刻，歩行路面の材質と形状，勾配，明るさ，視界など

a. 肉体的条件

　年齢，性別などの影響：年齢別で最も歩行速度が大きいのは，青年男子と高校生であり，以降中学生・壮年男子，青年女子，小学生，壮年女子，老人の順になる。目的別で見ると，通勤・通学は買い物より速い。性別では，概して男性が女性より速い。

b. 集団的条件

　グループ歩行による影響：2人連れの場合，お互いの速度が違っている時には互いの速度の中間の歩行速度で歩行することが多い。3人連れの場合は，最も遅い歩行者よりやや速い速度に落ち着く。この傾向は4人以上のグループでも同様である。一般にグループの歩行速度は，単独歩行に比べて遅くなる。

表6-5 歩行速度の概要（[6.6]p.805から抜粋）

		歩行速度(m/s)			
		平均	標準偏差	最小値	最大値
性別	女性	1.42	0.251	0.50	3.66
	男性	1.52	0.333	0.45	5.56
年齢	16歳以下	1.53	0.447	0.54	3.98
	16-25歳	1.55	0.323	0.55	5.56
	26-50歳	1.47	0.246	0.45	3.80
	51-64歳	1.38	0.243	0.61	2.09
	65歳以上	1.16	0.255	0.54	1.77
荷物	手ぶら	1.50	0.320	0.45	5.56
	手提げ・小荷物	1.46	0.266	0.58	3.80
	買い物袋・荷物	1.40	0.266	0.65	2.40
	子供連れ（ベビーカー共）	1.39	0.248	0.50	1.82
	要介助者	0.98	0.169	0.76	1.39
グループ人数	1人	1.52	0.312	0.45	5.56
	グループ(2,3人)	1.36	0.245	0.50	3.13

c. 服装条件

荷物や子供などの影響：荷物の有無，子供連れなどさまざまな状況における歩行速度を測定したとき，荷物を持った人の歩行速度は荷物を持たないで単独歩行する場合とでは差がみられない。およそ12kgまでの荷物であれば歩行速度に影響がないといわれている。また，子供連れの場合の歩行速度はベビーカーを使っている場合，抱っこやおんぶしている場合ともにグループ歩行の速度に近い。

d. 心理的条件

心理的条件の影響：切羽詰った状況での歩行速度は速いと考えられる。一例を挙げると，横断歩道を横断中に青信号から点滅，赤色に変わる際の歩行速度は，青信号開始直後に比べて約2倍の速さがある。

e. 環境条件

・勾配の影響：5%までの緩勾配ならば歩行速度に影響はなく，それ以上の勾配では勾配に比例して歩行速度は遅くなる。階段の場合は傾斜が5%増すごとに歩行速度が0.1m／秒ほど遅くなる。

・時刻の影響：午前中の出勤時は歩行速度が速くなり，午後は散歩のようにのんびりと，そして夕方の帰宅時にはまた歩行速度が速くなる傾向

がある。
・煙の影響：煙の種類により歩行速度にも大きく影響を与える。刺激性の少ない黒煙の場合，歩行速度は煙の濃度を表わす減光係数が増すにつれて直線的に減少する。刺激性の強い白煙の場合，目を長時間開けることが困難なため歩行速度は急激に低下する。

　表6-5に，イギリスでの最近の実測研究の結果を抜粋する。これは，平日日中における都会の舗道で，肉体的条件，集団的条件，服装条件別の平均速度を実測したものである。

（三阪朋彦）

註

★1——なお，サービス水準は，単位空間モジュール（密度の逆数）として表されるがここでは，密度に換算する。

第7章 群集流

7.1 群集流の形状

　群集流は，その形状に応じて一方向流，対向流，層流，交差流，交錯流，追越流などに分類される（図7-1）。

(a) 一方向流：一方向のみの歩行者の流れ。通勤・通学路で見られる。通路などの設計容量の算出基準とされる。避難計画においても一方向流が想定されることが多い。
(b) 対向流：通路などにおいて，2つの方向の群集流が向き合う状態。通勤時における乗換駅の階段などが典型例。人通りの多い舗道や横断歩道でも観察される。
(c) 層流：通路などにおいて，互いに向き合う二方向・3つ以上の群集の流れが存在する状態。人通りの多い横断歩道などにおける対向流がすれ違う際，自ずと層流を形成することが多い。これは層化現象 (lane formation) と呼ばれる。
(d) 交差流：交差点などで，二方向の群集の流れが交差する状態。地下街の交差路や十字型交差点におけるスクランブル式の横断歩道などで見られる。
(e) 交錯流：多方向の群集の流れが交錯している状態を示している。駅構内の切符売場周辺や雑踏における買い物客の流れなどで見られる。
(f) 追越流：歩行速度の遅い群集に対して，歩行速度の速い群集が追い越す流れ。2つの群集の規模や速度との関係などによって，さまざまな帰結が生じ得るが，転んでしまった先行群集を後続の大群集が踏みつけてしまう状況は，群集事故におけるひとつの典型とされる。

　通路・階段では一方向流，対向流，層流が普通であるが，交差点では，加

図7-1 群集流のいろいろ

(a) 一方向流　　(b) 対向流　　(c) 層流

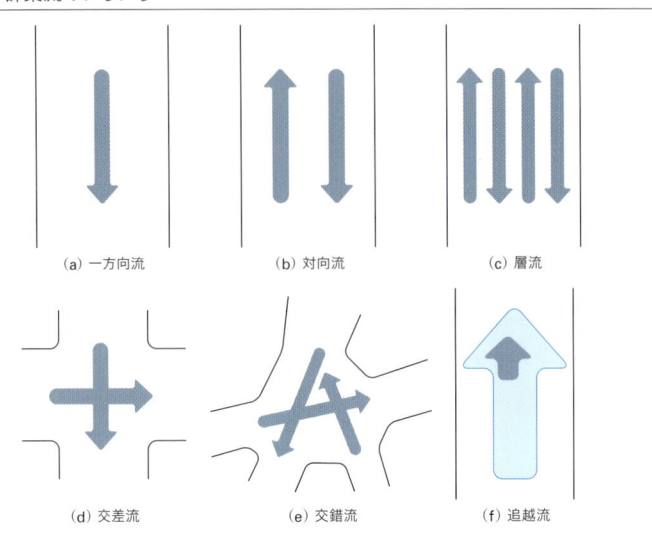

(d) 交差流　　(e) 交錯流　　(f) 追越流

図7-2 水平路対向流（非通勤群集）の層化パターン（[7.1]より）

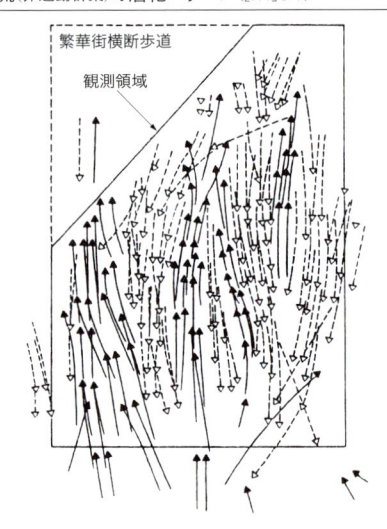

繁華街横断歩道
観測領域

えて交差流，交錯流が生じる。通路と比べて階段は，歩行速度が平面歩行よりも遅くなる。

銀座の数寄屋橋横断歩道における層化現象の事例を図7-2に示す。

7.2　群集密度と歩行速度の関係

第2章でも述べた，水平路一方向流（通勤群集）の密度－速度関係式のグラフを図7-3上段に示す。いずれの式も密度1から4近くまでは右肩下がりとなる。密度1未満は，追越し自由な自由歩行に近い状況を意味し，密度4に近づくと，群集は，足取りを頻繁に変えなければならず，時には停止（滞留）することもある。

図7-4a，7-4bに非通勤群集の実測グラフを示すが，これらは繁華街の往来が調査されることが多く，一方向流や対向流の双方とも厳密な統制条件が設けられていない点に留意する必要がある。なお，交差流については実験研究が行なわれている。今後はさらに，群集事故の原因となる対向流や追越流（速度の速い群集が遅い群集を追い抜く場合）の局所密度上昇についての実測・実験研究が必要であろう。（非通勤群集（一方向流，対向流）：図7-4a，7-4b）

大まかに言えば，一方向流の非通勤群集は，通勤群集に比べて速度は小さい。交差する双方の流れに多少の人数的な差がある場合でも，通常は流速に差がないとみてよい。人数的に大差のある場合劣勢のほうが遅くなっているが，人数的に多少の差がある場合では前進の努力の差などの要因が働くためか，必ずしも遅くはならない。交差点内では中心付近が比較的密度が高く，総交通量でも一方向流なみに達することがある。また，非水平路として，階段やスロープがあるが，階段については研究が進んでいる。また，スロープについては，勾配1/20程度以下では，速度は水平路の場合とほとんど変わらないという結果が出ている。なお通路としてスロープを設ける場合，車椅子による使用を考慮すると，その勾配は屋内でも1/12が限度である。

Fruinによる一方向流における個々の歩行者の密度別の前後間隔・左右間隔を図7-5に示す。高密になってゆくにつれ，人々は左右間隔よりも前後間隔を減らす傾向にある。

また，歩行者の「衝突」，すなわち接触や不随意の減速は歩行速度と群集密度の関数である（再掲表6-2）。歩行者の間隔が広ければ通り抜けるすき間

図7-3 水平路一方向流(通勤群集)の密度と流速・流動係数([6.2]p.56より)

密度と流速

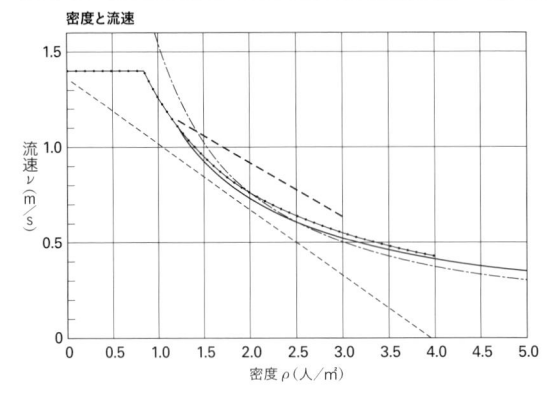

① ——— $v = 1.272\rho^{-0.7954}$
② —·—·— $v = 1.5/\rho$
③ ———— $v = 1.48 - 0.28\rho$
④ ······· $v = 0.26 + \sqrt{2.4/\rho - 0.13}$
⑤ ------ $v = 1.365 - 0.341\rho$
ⓐ ——— $f = v\rho$
ⓑ —·—·— $f = v\rho$
ⓒ ———— $f = v\rho$
ⓓ ······· $f = v\rho$
ⓔ ------ $f = v\rho$

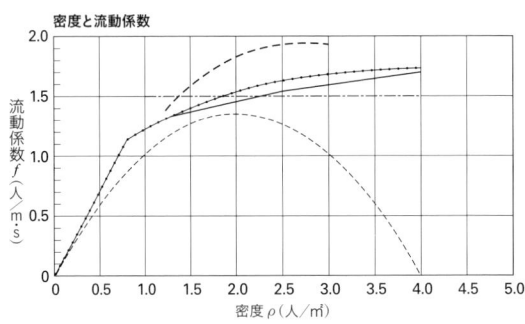

密度と流動係数

①.ⓐ：木村幸一郎, 伊原貞敏：建物内における群衆流動状態の観察, 日本建築学会論文集大会号, p308 (1973.3)
②.ⓑ：戸川喜久二：群衆流の観測に基づく避難施設の研究, 建築研究所報告, p.16, 建設省建築研究所 (1955)
③.ⓒ：打田富夫：電車駅の乗降場及び階段幅員, 鉄道技術研究所中間報告, p13 (1956)
④.ⓓ：宮田一：列車運転になぞらえた歩行者の人口工学的考察, 鉄道OR論文集, p.142 (1966.3)
⑤.ⓔ：B. S. Pushkarev: *Urban Space for Predestrian*. MIT Press (1975)

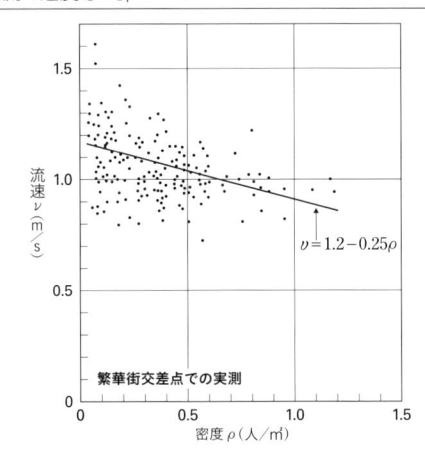

図7-4a 一方向流の速度([6.2]p.54より)

$v = 1.2 - 0.25\rho$

繁華街交差点での実測

図7-4b 対向流の速度([6.2]p.54より)

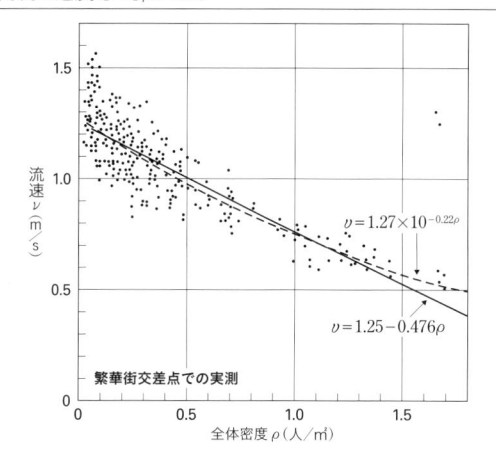

$v = 1.27 \times 10^{-0.22\rho}$

$v = 1.25 - 0.476\rho$

繁華街交差点での実測

図7-5 歩行群集の平均前後間隔と左右間隔(一方向流動)([6.2]から抜枠)

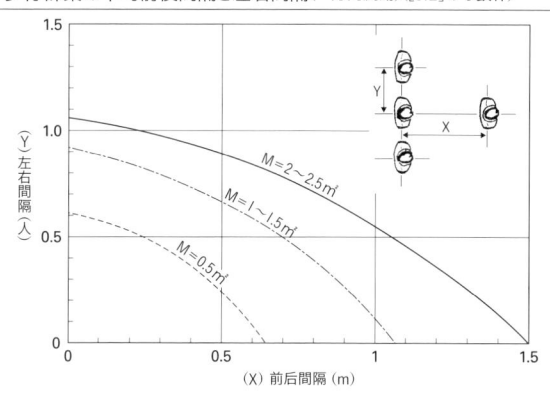

M=2〜2.5㎡
M=1〜1.5㎡
M=0.5㎡

(Y) 左右間隔(人)
(X) 前後間隔(m)

も広くなるが，同時に歩行速度も上昇することになるので，主流を横切って歩くことは容易ではない．低密であっても，なお「衝突」の可能性は残る．密度0.7人/㎡以上の場合，衝突の確率は100%となる．この状態はちょうど歩行が不自由になり間隔がつまってくる状態に相当する．密度が0.7以下になると，群集の間隔が広がり衝突の危険性は減少する．しかし，間隔が広がるとともに歩行速度も上昇するために，密度0.33までは衝突の確率が50%以上残っている．密度が0.33以下であれば，衝突の確率は急激に減りほとんど0になる．これは，相互間隔が十分になり，主流や横断流の人々が相互

| 図7-6 | 場所別流動係数（[6.2] p.56より） |

出口種類		流動係数(人/m·s) 0.5　1.0　1.5　2.0
通勤群衆	駅（改札口），電車（扉） エレベーター 駅（階段），バス列車（扉）	
一般群衆	百貨店（出口・階段） 百貨店（エレベーター），映画館出口 公会堂出口 中学校校門	
参考	避難計算用　出口 　　　　　　階段	

に反応して衝突を避ける余裕が生まれてくることによる。

二方向流の実験結果[7.4]では，(1) 一方向流と比較して，密度が高くなるにつれ摩擦が生じ全体として歩行速度が低下する。(2) 2つの流れの人数比に差が生じると，少人数の流れが速くなる，とされる。

7.3　流動係数

流動係数とは，通路幅1m当たりの毎秒の通過人数であり，速度と密度の積である。流率とも呼ばれる。階段や顕著なボトルネック以外は，通勤群集（水平路一方向流）で1.5（人/秒・m），階段（上り）では1.2前後，集客施設を利用する非通勤群集では，1.0前後として見積もられることが多い（図7-6）。

図7-3下段に各モデル式ごとの密度−流動係数の関係（水平路一方向流）をグラフに示す。線形式の密度−速度モデルはFruin式と呼ばれることが多いが，この場合，グラフは上に凸の2次式となり，密度4で流動係数は0になる。その他の式は，流動係数は1.5のまま，あるいは若干の増加関数とされる。

（三阪朋彦）

第8章 避難計画の基準

　この章では，建築物の屋内火災時など非常時における避難計画について，法令で定められ，あるいは学会が指針を示している項目のうち，本書の歩行者エージェントシミュレーションで扱いやすいトピックを抜粋して，その概要を解説する。日本建築学会の『建築物の火災安全設計指針』[8.1]をみても，設計時における安全確保のための対象として，煙・輻射熱・落下物をはじめ，じつに多種多様な項目が挙げられており，これらは，指針全体のごく一部に過ぎない点に留意してほしい。

8.1　避難計画における想定歩行速度

　表8-1に屋内火災時の避難計画における避難者の想定歩行速度を示す。まず，通常の空間(V1)を見てみよう。火災時の避難者は，当然急いではいるが建築物内の空間は障害物などもある程度考えられるので，平均的には廊下など歩行しやすい空間の場合で歩行速度は1.2m/秒を最大限としている。また居室内(V2)では机，椅子などの障害物が多く，さらに歩行中の方向転換も頻繁に必要となるので，歩行速度が少し低減されると考え居室内の歩行速度を1.0m/秒としている。また，V2の用途では歩行速度を1/2に低減されているのは，老人，子供など避難能力の劣る避難者が混じると，全体の歩

表8-1　避難者の想定歩行速度([8.1]p.57より)

用途記号	居室内 V_R(m/sec)	廊下・車路 V_C(m/sec)	階段(水平) V_S(m/sec)	避難出口の流動係数 N(人/m*sec)
V1	1.0	1.2	0.6	1.5
V2	0.5	0.6	0.3	0.8
V3	0.5*	0.6*	0.3*	―

V1：主な利用者の避難能力が高い空間(事務室，店舗等)
V2：避難能力の劣る利用者がかなり見込まれる空間(住宅，保育所，幼稚園，酒場等)
V3：避難能力が著しく劣る利用者がかなり見込まれる空間(病室，老人施設等)
＊：避難者が介助される場合

行速度がこれに引きずられて遅くなるためとされる。V3の用途でも同様に歩行速度が1/2に低減されているが、これは主な避難者が介助されて避難することを想定している。

8.2　通路の種類別にみる想定流動係数

わが国では、通路幅員は、法令等が定める計画基準に従って算定される。ただし、根拠となる法令等は、通路の種類により異なっている。建築物屋内や地下街は建築基準法、一般の屋外歩道は道路構造令、横断歩道橋には専用の技術基準が設けられる。いずれも幅員を単位時間当たりの歩行者数より求めるということは、各々が流動係数の想定値を持つことを意味する。これらの一部を整理して表に示そう（表8-2）。

8.3　アーチング現象と避難計画基準

非常時に避難出口へ多数の避難者が殺到した場合、半円形の避難者のアーチができ、アーチを崩す過程で避難者の一部が流出するがすぐにまたアーチが形成され、流出しにくくなる。この現象はアーチングと呼ばれる。このような避難出口における多数の避難者の流出は、ボトルに入った粒体を出すときの現象に似ている。粒体はしばらく円滑に流出するが、そのうちに挟まった口に詰まって出なくなり、ボトルを揺すったり、棒でつついたりして詰まりを解消しなければ流出が再開されない。2次元的にみると、避難における出口での詰まりは、アーチ状に形成される。

避難計画における理論モデルでは、このアーチング現象を静定構造力学で扱う [8.1]。幅 B の出口に上図のような半円形の避難者のアーチができ、出口に殺到する避難者の集団によってアーチの中心に向かう圧力 P が及ぼされていると考えたとき、圧力 P を均等とすると左右対称なので、出口端部には出口に水平な方向の抗力は理論的には発生しないが、垂直方向については、アーチにかかる圧力を支えるための抗力 $F = PR$ が働く（図8-1）。この前提から出入口幅員は最大滞留者数に比例にすべきだと考えられる。

建築学会の火災安全設計指針 [8.1] では、在館者が避難する際に、避難出口や避難階段入り口付近に殺到することにより出口付近で滞留を生じること

表8-2 歩道等の幅員算定基準([8.2]を改編)

記号	対象	幅員	出典
A	駅前広場地下道 地下街の公共地下道	$W=(Q/1,000)+F$ により算定する W：幅員(m) Q：およそ20年後の最大時間当たりの歩行者数 F：余裕幅員1m(商店街で1.5m)	立体横断施設技術基準同解説
B	一般歩道	Q(人/h)＝2,500W(m)として算定する	道路構造令の解説と運用
C	横断歩道橋	設計歩行者数(人/min) 　80 未満　　　　　　1.5m 　80 以上 120 未満　　2.25m 　120 以上 160 未満　　3.0m 　160 以上 200 未満　　3.75m 　200 以上 240 未満　　4.50m	立体横断施設技術基準同解説
D	平たんな歩道	1m当たりの交通量を82人/m・分として算定する	New York Port Authority, 1971
	平たんな道	1m当たりの交通量を46人/m・分として算定する	Bay Area Rapid Transit, 1972
	有効歩道幅員を対象とする (路端と車道端の45〜90cmを除いた幅)	1m当たりの交通量を33〜49人/m・分として算定する	Ministry of Transport "Road in Urban Areas", 1966, p.396
	地下道(駅付近等)	1m当たりの交通量を88.6人/m・分として算定する	Urban Traffic Engineering Techniques, 1960
	平たんな歩道	1m当たりの交通量を46人/m・分として算定する	Washington Metropolitan Area Transit Authority

図8-1 ネックに滞留した避難者がつくるアーチ([8.1]p.97より)

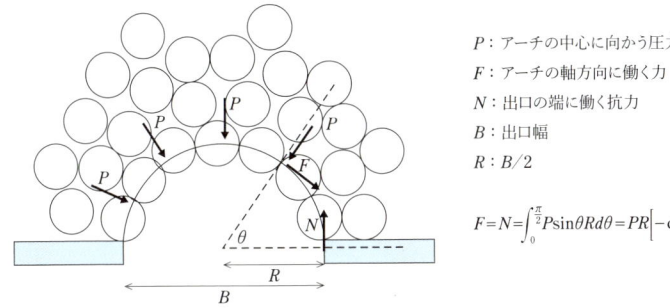

P：アーチの中心に向かう圧力
F：アーチの軸方向に働く力
N：出口の端に働く抗力
B：出口幅
R：$B/2$

$$F=N=\int_0^{\frac{\pi}{2}}P\sin\theta Rd\theta=PR\left[-\cos\theta\right]_0^{\frac{\pi}{2}}=PR$$

がある。この滞留を最小限に抑えるために避難出口，避難階段入り口などの狭窄部における条件を下式で表わす。

$C_{max}/B < 120B$

C_{max}：最大滞留人数(人)
B　　：避難経路の狭窄部分の幅(m)

8.4　非常口までの通路長さと明快性

避難距離や避難経路については，現行法規において外部あるいは避難階段までの最大距離などに制限が設けられている。これは，煙などの火災の危険から速やかに避難できるようにする配慮が働いているためである。しかし，煙等が避難経路におよぼす危険は，煙制御設計によって煙の効率的な排出，発生の遅延などにより，ある程度制御することができる。その場合，現行法規に規定されている最大歩行距離の制限は緩和することも可能と考えられる。ただし，避難距離が長くなるほど避難者が避難出口を探し出すことが困難になる傾向にあるので，いたずらに避難距離を長くすることは避けるべきである。

避難時における避難経路は最終避難場所まで連続性を有していると共に以下の条件を満たしている必要がある。

（イ）避難経路における高低差は，階段または斜路でつなぐこと。
（ロ）共用避難経路上に避難者の円滑な避難を妨げる障害のないこと。
（ハ）共用避難系路上に火災危険の高い居室を含まないこと。

また，避難経路の明快性が失われるのを防ぐための条件として下記の式が指針として採用されている。この式は在館者が避難経路の分岐で迷いながら，ひとつの出口を見つけて避難するまでに歩行する距離の期待値を，コンピュータシミュレーションにより計算し結果を回帰式として簡略化したものとされている [8.5]。

火災安全設計指針では，避難経路の明快性を有するために下記の条件を満たしていなければならない。

$$D \leq D_p$$

ただし，

$$D = l \times (1+n_4)^{1/2}(1+n_3)^{1/3}(1+n_2)^{1/4}$$

D_p：最大歩行距離の基準値 (m)

D：分岐を考慮した歩行距離（m）

l：当該建築物平面上で最寄りの出口までの歩行距離が最長となる避難経路の長さ（m）

n_4：次数が4の分岐点の個数

n_3：次数が3の分岐点の個数

n_2：次数が2の分岐点の個数

※ここでいう「分岐点の個数」とは，分岐点に接続する経路の本数のことを指す

（三阪朋彦）

column 大阪千日デパートビル火災

1972年5月13日，死者118人，負傷者78人に上る，わが国のビル火災史上最悪の大惨事が起こった。この建物は，1958年に開業した七階建のショッピングビルで，22時37分頃，閉店直後，改装工事中であった三階のスーパーから出火，延焼は五階までで止まったが，またたく間に濃煙が空調ダクト，エレベータシャフト，階段室を伝って，キャバレーが営業中の七階に吹き出し，この事態に場内の客や従業員179人はパニック状態に陥った。

人々は，なんの警報もないまま，電灯が消え，煙が進入する室内を，脱出を求めて逃げ回ったが，エレベータや屋内階段（A, D, E, F階段）はもはや煙突口の如くになっており，唯一使用可能な非常階段（B階段）はクロークに遮られていたため，脱出者は2人にとどまった。

わずか20分余りのうちに，多くの人々が一酸化炭素中毒で倒れ，あるいは逃げまどうパニック状態の群集に踏みつけられて圧死した，と伝えられる。

ハシゴ車が5ヶ所から懸命の救出にあたり，50名を救出した。しかし，猛煙に耐え切れず窓からの飛降り者が相次いだ。飛降りによる生還者は24人中わずか2人に過ぎず，結局，全体で118人の死亡が確認された（図8-2）。

この火災は数多くの教訓をもたらした。1973年の建築基準法改正では，建築物の防煙性の基準強化，避難施設の強化が促進された。防火戸の開閉機構の基準強化，竪穴区画の常時閉鎖式防火戸，煙感知と連動した常時開放式防火戸の

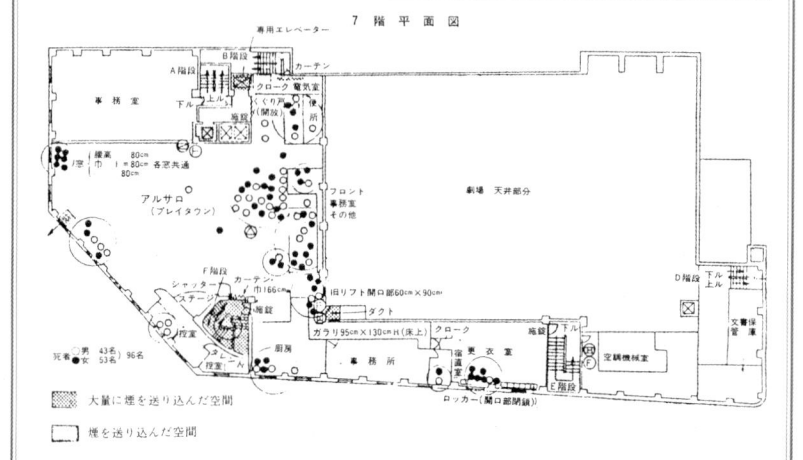

図8-2 　歩道等の幅員算定基準（[8.4] p.62より）

基準も同時に打ち出された（[2.2] pp.354-356）。現代の超高層建築物では，耐火構造，排煙機能，避難者滞留機能を持つ付室を設けた「特別避難階段（コア）」の設置が義務づけられている。

第Ⅲ部 artisocで学ぶ歩行者エージェントシミュレーション

この第Ⅲ部では本書付属のCD-ROMに収めたartisoc textbookとサンプルを使って，歩行者エージェントシュミレーションの実際を学びます。プログラミングの知識がなくても十分わかるものですが，初めての読者がよりいっそう理解できるよう，第Ⅲ部のみ文体を「ですます」調にしました。────編者

第9章 マルチエージェント・シミュレーションプラットフォーム「artisoc」

本章では，(株) 構造計画研究所が制作したマルチエージェント・シミュレーションのプラットフォーム「artisoc」について説明します。

9.1　artisocとは

artisocは，2009年現在585の大学研究機関において使用されている，日本で最も広く使われている複雑系シミュレーションプラットフォームです。構造計画研究所は，1990年代から社会現象の分析手法として，マルチエージェント・シミュレーションに関心を持ってきました。世界中から複雑系分野の研究者が集うサンタフェ研究所でのビジネスネットワークへの参加や，1999年の『人工社会』[9.1]の翻訳出版も，そのような関心の現れでした。1998年から情報処理振興協会の教育事業支援の一環として，使いやすいマルチエージェント・シミュレーションプラットフォームの開発を行ない，2001年に「KK-MAS」をリリースしました。その後バージョンアップを重ね，2006年春に後継パッケージとしてのマルチエージェント・シミュレータ「artisoc」をリリースしました。artisocは，汎用のマルチエージェント・シミュレーションプラットフォームという性格上，セル・オートマトン，その応用としての人工生命，あるいは近年注目されている社会ネットワークなどのシミュレーションプラットフォームの構築に適しています。本書で紹介する歩行者エージェントのシミュレーションモデル以外にも交通，防災，取引など多様な社会現象の分析ツールとしても利用できます。構造計画研究所ではKK-MASおよびartisocを用いてどのようなことができるのかを探るために，2001年から毎年MASコンペティションを開催しております。本書で事例として紹介するシミュレーションモデルには，そのコンペの参加作品も含まれています。なお，コンペの参加作品やサンプルプログラムは，MASコミュニティ[★1]で参照できます。

マルチエージェント・シミュレーションの技法は，社会現象の分析や理解

にきわめて有望であり，欧米の社会科学の分野で注目されています。日本においても理工系の学問分野で急速に広がりつつある一方，社会科学の分野ではまだあまり浸透していません。その原因の1つに，プログラミングの難しさがあります。もし，プログラミングが不要になる，あるいは簡単にできるようになれば，マルチエージェント・シミュレーションの可能性は大きく広がる可能性があります。そこで，artisocは「社会科学分野などに適用できる」こと，「簡単なプログラミングですぐにモデルを表現できる」こと，「結果を視覚的かつ直感的に把握できる」ことを目的として開発しました。

マルチエージェント・シミュレーションは，シミュレーションの対象ごとに，エージェントの行動ルール（振る舞い）や，入出力形式，画面表示，操作方法などが異なります。そのため，従来はシミュレーションの対象ごとに，これらそれぞれのソースコードを一から記述する必要があり，本来注力すべきエージェントの行動ルールの記述以外の部分を作成する負担がどうしても大きくなっていました。artisocでは，エージェントの行動ルール記述以外の入出力／画面表示部分などをパーツ化しており，それらはGUIで簡単に選択・設定ができるようになっています。また，エージェントの行動ルールを記述する方法も分かりやすい言語体系になっており，習得も容易です。

artisocでのシミュレーションモデルの構築は，基本的に次の3つのステップで行ないます（図9-1）。

★空間／エージェントの種類・型を定義する
　基本的にマウス操作だけで定義可能
★エージェントの行動ルールを記述
　Visual Basicライクな分かりやすい言語体系
　変数や関数名に日本語を利用可能
★シミュレーション結果の出力形式の設定
　マップ表示やグラフ表示をGUIで簡単に設定可能
　テキストファイルの読込み・書き出しが可能

実際にマルチエージェント・シミュレーションを行なうためには，シミュレーションプログラムの作成が重要なフェーズとなります。artisocはマル

図9-1 artisocにおけるマルチエージェント・シミュレーションの流れ

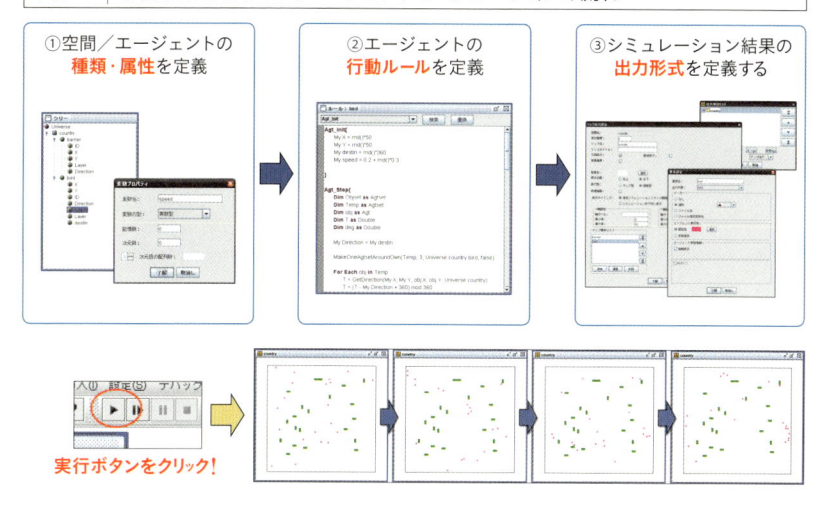

①空間／エージェントの**種類・属性**を定義

②エージェントの**行動ルール**を定義

③シミュレーション結果の**出力形式**を定義する

実行ボタンをクリック！

チエージェント・シミュレーションを行なうためのプラットフォームに過ぎず，シミュレーションプログラムの検討および作成作業が必要となります。しかし，この「実装」の部分のノウハウについて学ぶ場があまりありません。そこで本書付属CD-ROMの「document」フォルダにある「manual Japanese」では，artisocの基本的な使い方と簡単なシミュレーションプログラムの構築までの一通りの流れを説明しています。また，本章を含む第Ⅲ部の各章では，歩行者エージェントモデルを作成するために，参考になるプログラムTips（プログラムコードの断片）も掲載しています。

本章の以下の節では，KK-MASおよびartisocのさまざまな適用分野のうち，本書で扱う歩行者シミュレーション以外の分野での適用例として，交通およびマーケティング分野における2つの事例を紹介します。

9.2 自然渋滞発生シミュレーション【交通での適用事例】

自動車を運転しているとき，明確な原因（信号や事故，道路工事など）が見当たらないにもかかわらず渋滞に巻き込まれ，そしていつの間にか渋滞を抜けていたという「自然渋滞」にしばしば遭遇します。このような自然渋滞はどのようにして発生するのでしょうか。自然渋滞の主な発生原因として，運転

手が気づかないほど緩やかな上り坂である「サグ部」と呼ばれる場所が挙げられます。サグ部では，運転手が上り坂であることに気づかない事があり，本人が同じ速度で走っているつもりでも自然と減速してしまう可能性があります。このとき，交通量が多い場合，減速により車間距離が狭まり後続車両がブレーキを踏み，さらに後ろがブレーキを踏む，といったことが伝播していきます。この現象は交通量が緩和するまで続くため，最終的には渋滞となります。このように，交通量が多く，自動車の密度の高い道路ほど自然渋滞が発生しやすくなります。この現象を証明した実証実験が，名古屋大学の杉山教授によって行なわれています（[1.1] pp.52-53）。その実証実験は，半径37mの円形のテストコース上に22台の車を時速30kmで走行させ，高い密度で安定して走行している状態を再現したものです。実験開始から10分ほど経過した時点で渋滞が発生し，渋滞発生後は，いつまで経っても渋滞が解消されることはないという結果が出ました。なぜ，全員が同じ速度で走行しているはずなのに最終的には渋滞が発生してしまうのでしょうか。それは，人間が運転している限り少なからず速度の「ブレ」が存在するためです。この速度のブレがほんのわずかでも存在する限り，時間が経過すると車間距離が一定ではなくなってきます。そして，ある時点で車間距離が近くなり過ぎて，少しブレーキを踏みます。その後ろの車は前の車との距離が近くなりブレーキを踏みます。車は加速に時間がかかるため，その後ろの車は前の車よりも長い時間ブレーキを踏みます。同様に後続車も同じ動作が伝播し，ある台数になったところで，完全に止まってしまうという現象が起こります。これが自然渋滞の発生する瞬間です。

　この実証実験を，artisoc上のシミュレーションで再現します。自動車エージェントは，基本的に通常速度として時速30kmで走行します。ただし，走行速度にはブレ幅があるものとします。また，車間距離が一定の閾値以下になった場合は減速し，閾値以上の場合は通常速度になるまで加速していきます。このような自動車エージェントを，実証実験同様，シミュレータ上に半径37mの円形のテストコースを作成し，22台を等間隔に配置します。シミュレーション実行開始後しばらくは一定間隔で走行しているのですが，数分後には実証実験同様に渋滞が発生しました（図9-2）。

　次に，どのような条件で自然渋滞が発生するかをシミュレーション上で調

図9-2 | シミュレーション画面

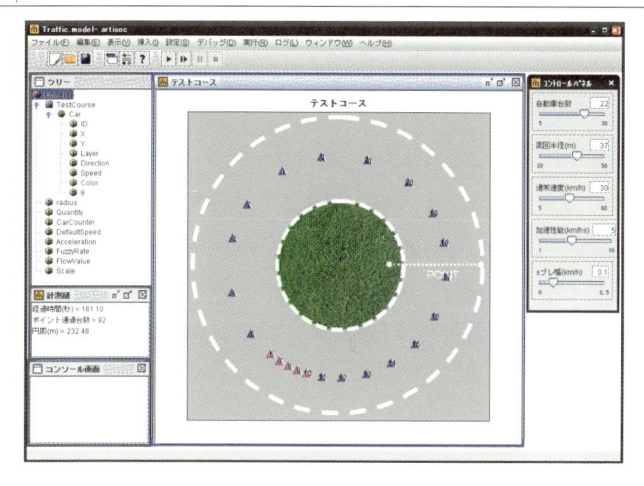

図9-3 | 密度と流量の関係

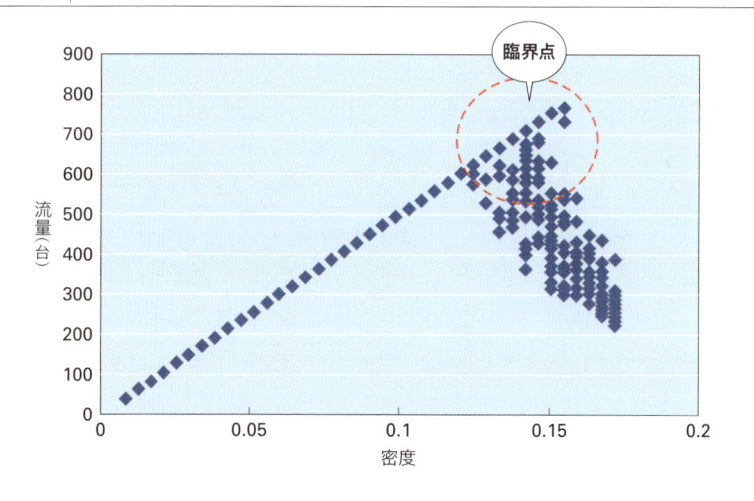

臨界点

流量(台)

密度

べてみます。コース上のある1点を通過する台数をカウントし，単位時間における自動車エージェントの流量を計測します。コース上の密度(テストコース上に配置する自動車エージェントの台数)と，この流量の関係をシミュレーションの試行ごとにプロットしたものを図9-3に示します。

このグラフから，ある密度までは自動車の流量が単調に増加しています

第9章 マルチエージェント・シミュレーションプラットフォーム「artisoc」 | 073

が，ある密度に達したところで突然流量が減少することが分かります。この密度がこの道路で渋滞が発生する臨界点です。この臨界点を超えた状態では，一時は高い流量となりますが，何らかの拍子に一度渋滞が発生してしまうと急激に流量が低下してしまいます。この臨界密度を超えた一時的な安定は，「メタ安定」と呼ばれています。

本シミュレーションプログラムは，付属CD-ROMに入っています（「9章」の「TrafficJam.model」）。

9.3　テレビの視聴者行動【マーケティングでの適用事例】

テレビ番組の視聴率は，どの時間帯にどのようなジャンルの番組を放送するかによって大きく異なります。では，高い視聴率を得るためにはいつどのような番組を放映するといいのでしょうか。これを予測するためには，まず視聴者の視聴行動を把握する必要があります。テレビの視聴行動については，従来集団を特徴づける集計データを用いた分析が一般的に行なわれてきました。しかし，個々の視聴者は性別・年代などにより嗜好が異なり，また家族構成や視聴する時間帯も異なります。そのため，視聴率を予測する場合には視聴者一人一人の嗜好や，周囲との相互作用を考慮する必要があります。最近では，個人視聴率について膨大かつ詳細なデータが存在するため，これらのデータに基づき個人の視聴行動を推定し，それをエージェントとしてシミュレーションモデルに組み込むことで，テレビ番組の視聴率の推移をシミュレートすることが可能です。この個人の視聴行動モデルは，多項ロジットモデルを用いており，実際の3ヶ月分の個人視聴データをもとに推定します。それにより，その個人の嗜好を反映した番組選択の意思決定を行ないます。ここでの意思決定の要因として，「番組特性」，「直前の時間枠に本人がどの番組を視聴していたか（惰性）」，「前週に本人がその番組を視聴していたか（番組ロイヤルティ）」，それと「同居家族」や「同一の性・年齢層」との相互作用を考慮しています。

番組特性は，ある番組とその他の番組をともに視聴している視聴者の比率が相対的に高いほど両番組の特性は類似していると考えられます。そこで，各番組を，ある番組から距離が近いほどその番組と類似している番組であるように空間上に配置しました（図9-4）。視聴者は理想点からの距離に基づい

図9-4 番組間の類似を表現した空間イメージ

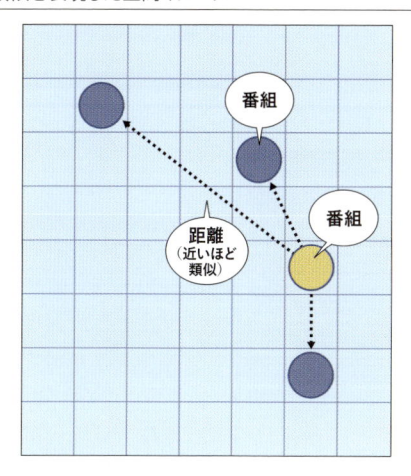

て番組への選好を決めます。

　このモデルの特徴は，視聴者間の相互作用を番組選択の意思決定の要因として加えていることです。テレビを視聴する際に他者との相互作用として第一に考えられるのが，同居する家族との相互作用です。もし世帯内でテレビ受像機が一つしかない場合，視聴する番組は当然「チャンネル選択権」をもつ家族のメンバーの番組選択に支配されることになります。一方，最近ではテレビ受像機の複数台所有化が一般化しているとしても，居間や食堂にあるテレビ受像機で他の家族が視聴している番組を，つい一緒に視聴してしまう可能性は決して低くないはずです。その他の相互作用として，職場や学校での友人知人など周囲との会話，あるいはマスメディアをとおして伝播される，どの番組がヒットしているかという情報に影響される可能性が考えられます。そこで，同じ性・年齢層の間での相互作用についても考慮しています。

　実データ上に存在する個々の視聴者に対応した視聴者エージェントを生成し，実データから推定された視聴行動を各対応するエージェントへ組み込みシミュレーションを行ないます。各エージェントがどの時間帯で番組を視聴するかについては，実データに従うものとし，その時間帯に放送されている番組のうちどれを視聴するかについては，番組特性と過去から現在に至る自

図9-5	シミュレーション画面

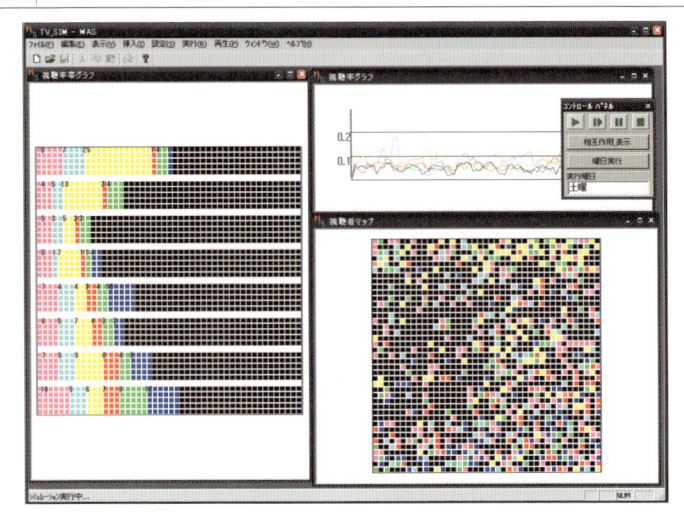

他の視聴行動の影響を受けて確率的に決定します。エージェントが番組を選択する際に意思決定する各要因の影響度は，実データから個人ごとに推定しているため，ある特性の番組が選択されるかどうかはエージェントごとに異なります。エージェントの番組選択は，過去の番組選択（惰性やロイヤリティ）から影響し，さらに周囲との相互作用をとおして他のエージェントの視聴行動にも影響されます。

シミュレーション画面は，図9-5のようになります。右下の画面には格子状の空間が表示され，各セルにはエージェントが性・年齢に沿って配置されています。セルの色は，各エージェントがその時間にどのチャンネルを見ているかを表現しています。エージェントがテレビを視聴していない場合には，黒色となります。左の帯グラフは，性・年齢層別に各チャンネルの視聴シェアを示す帯グラフで，右上の折れ線グラフは，各チャンネルの視聴率の時系列推移を示しています。これらの表示内容は，シミュレーションの実行過程で動的に変化していきます。

このシミュレーション結果で特に注目される点は，周囲との相互作用が多くの視聴者の番組選択に影響することが実証されたことです（図9-6）。周囲との相互作用の中でも家族内の影響が大きく，本人と同じ性・年齢層から影響を受ける人も存在しますが，その数は家族内の影響と比較すると非常に少

図9-6 相互作用の視聴率に対する効果

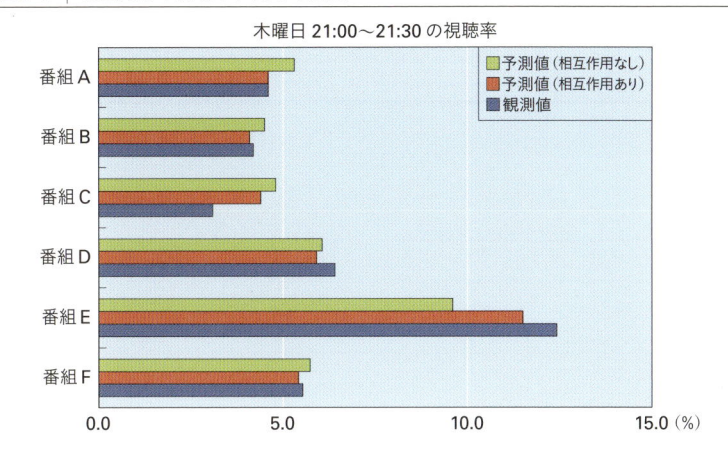

木曜日 21:00～21:30 の視聴率

- 番組 A
- 番組 B
- 番組 C
- 番組 D
- 番組 E
- 番組 F

凡例：予測値（相互作用なし）／予測値（相互作用あり）／観測値

ない割合となっています。こうしたシミュレータにより，特定の番組の特性を変えたりそれが放映される時間帯を変えたりした時，さまざまなセグメントの個人視聴率がどう変化するかを予測することができます。

　なお，本シミュレーションモデルの詳細については，『コンピュータのなかの人工社会』の第3章（[0.1] pp.43-57）をご参照ください。

（森俊勝）

註
★1──MASコミュニティ：http://mas.kke.co.jp/

第10章 artisocで歩行者行動を表現する

　第4章では，空間表現として，連続空間表現，セル空間表現，ネットワーク表現の3つを説明しましたが，この章では，そのなかで使用頻度が高い「連続空間」と「セル空間」を中心に，artisocを用いて歩行者エージェントの移動を表現する方法について，簡単なルールとそのプログラムを紹介します。

10.1　「連続空間」での移動

　まずは，「連続空間」での移動について理解するために，簡単なシミュレーションを実行してみましょう。付属CD-ROMの「10章」の「連続空間移動.model」を開き，「1ステップ実行」ボタンを押して，1ステップだけシミュレーションを実行してみましょう。横10×縦20で表現された連続空間「Field」を，赤い歩行者エージェント（Hito_RED）は下から上へ，青い歩行者エージェント（Hito_BLUE）は上から下へ移動しています。

　では，「1ステップ実行」ボタンを連続して押して，歩行者エージェントの移動を進めてください。歩行者エージェント同士がぶつかりそうになったら，どちらかのエージェントが左右どちらかの斜め方向に避けるようになっています。

　このエージェントの行動ルールの基本的な部分は次のようになります。

(1) 前方，右斜め方向，左斜め方向に1進んで，周囲1以内にいる歩行者エージェントを確認してから，元の場所に戻る。
(2) 前方に歩行者エージェントがいない場合は，最大速度 (1.2) で前方に移動する。
(3) 前方に歩行者エージェントがいるが，右斜め方向と左斜め方向のどちらにも歩行者エージェントがいない場合は，ランダムに右斜め方向か左斜め方向に，速度を少し落として (0.8) 移動する。

図10-1 連続空間移動.modelの移動ルール

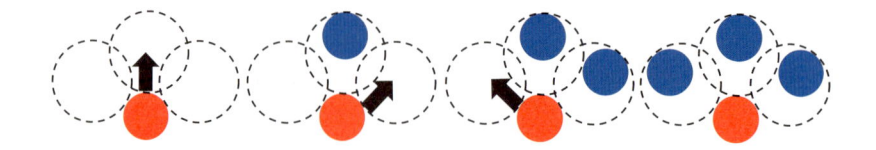

(4) 前方に歩行者エージェントがいて，右斜め方向と左斜め方向どちらかに歩行者エージェントがいる場合，歩行者エージェントがいない斜め方向に，速度を少し落として(0.8)移動する。
(5) 前方と左右斜め方向のすべてに歩行者エージェントがいる場合は，移動速度を0として，その場に留まる。

以上のように，「連続空間」での移動では，移動速度(移動距離)に実数値を与えられることが特徴です。この部分の簡単なルール図は上のとおりです(図10-1)。

以下は，「連続空間」での移動ルールのプログラム上の記述です(以下は，Hito_REDのルール)。

❖プログラムTips No.10-1：「連続空間」での移動ルール

```
Hito_REDのルール
Agt_Init{
My.Direction = 90 …①
}


Agt_Step{
Dim 群集 As AgtSet
Dim 前方の人数 As Integer
Dim 右斜めの人数 As Integer
Dim 左斜めの人数 As Integer

Forward(1)
```

```
MakeOneAgtSetAroundOwn(群集, 1, Universe.Feild.
Hito_BLUE, False)
前方の人数 = CountAgtSet(群集)
Forward(-1)


Turn(-30)
Forward(1)
MakeOneAgtSetAroundOwn(群集, 1, Universe.Feild.
Hito_BLUE, False)
右斜めの人数 = CountAgtSet(群集)
Forward(-1)
Turn(30)


Turn(30)
Forward(1)
MakeOneAgtSetAroundOwn(群集, 1, Universe.Feild.
Hito_BLUE, False)
左斜めの人数 = CountAgtSet(群集)
Forward(-1)
Turn(-30)


If 前方の人数 == 0 Then
    Forward(1.2)
Elseif 右斜めの人数 == 0 And 左斜めの人数 == 0 Then
    If Rnd() > 0.5 Then
        Turn(-30)
        Forward(0.8)
    Else
        Turn(30)
        Forward(0.8)
Elseif 右斜めの人数 == 0 Then
    Turn(-30)
```

② ③ ④ ⑤ ⑥

```
        Forward(0.8)
Elseif 左斜めの人数 == 0 Then
        Turn(30)
        Forward(0.8)
Else
        Forward(0)
End if
```                                                    ⑦

                                                       ⑧

My.Direction = 90  …⑨

① 最初に，自身の進行方向を暫定的に与えておきます。My.Direction は，自身の方向を入れる組み込み変数です。ここでは角度 (Degree) を示す0から360の値が入ると考えてください。Hito_REDは下から上へ移動するエージェントなので，そのDirectionに90を入れます。なお，Hito_BLUEのmy.Directionには，上から下へ移動するエージェントなので，270を入れます。

② 前方の歩行者エージェントの数を数えます。前方に1進み，MakeOneAgtSetAroundOwn関数とCountAgtSet関数で自身から半径1の円内にいるエージェントを数えて，元の位置に戻ります。Forward()は，引数の距離だけ前へ進む組み込み関数です。MakeOneAgtSetAroundOwn()は，エージェント自身の周りにいるエージェントが格納されたエージェント集合型変数を取得する組み込み関数です。CountAgtSet()は，エージェント集合型変数が保持しているエージェントの個数を取得する組み込み関数です。

③ 右斜め前方の歩行者エージェントの数を数えます。Turn関数で向きを変えてから②と同じ行動をとります。位置を元に戻した後，方向も戻していることに注意してください。連続空間においては，前後左右だけでなく，0〜360度の方向に移動することができます。Turn()はエージェントの向きを変える組み込み関数です。引数が正値のときは左回りに，負値のときは右回りに向きを変えます。

④ 左斜め前方の歩行者エージェントの数を数えます。③とTurn関数の引数の正負が逆になっています。

⑤　進行方向にエージェントがいない場合は速度1.2で前進します。
⑥　前方にエージェントがいて，右斜め方向と左斜め方向どちらにも歩行者エージェントがいない場合は，Rnd関数により乱数値を取得し，それぞれ50％の確率で右斜め方向か左斜め方向に向きを変え，速度を少し落として(0.8)前進します。Rnd()は，0.0以上1.0未満の乱数値を求める組み込み関数です。
⑦　右斜め方向と左斜め方向どちらかに歩行者エージェントがいる場合は，歩行者エージェントがいない斜め方向に，速度を少し落として(0.8)移動します。
⑧　前方，右斜め方向，左斜め方向のすべてに歩行者エージェントがいる場合には速度0にしてその場で留まります。
⑨　最後に，⑥～⑧で変更になった進行方向を元に戻します。

## 10.2　「セル空間」での移動

　今度は，「セル空間」での移動について理解するために，簡単なシミュレーションを実行してみましょう。「セル空間A.model」を開き，「1ステップ実行」ボタンを押して，1ステップだけシミュレーションを実行してみましょう。横10セル×縦20セルで表現された連続空間「Field」を，赤い歩行者エージェント(Hito_RED)は下から上へ，青い歩行者エージェント(Hito_BLUE)は上から下へ，1セルだけ移動します。

　このセルの罫線表示は，ツールバーの「設定」→「出力設定」→「出力項目リスト」でFieldを選択肢し「編集」→「マップ出力設定」で「罫線表示」にチェックを入れ，「了解」で設定できます(図10-2)。マップ出力設定では，原点位置(座標0,0)を「左上」か「左下」に，表示型を「チェス型」か「囲碁型」に選択できます(図10-3)。ここでは，「左下」「チェス型」に指定されていることを確認してください。ところで，マップ上のセルの数は横(X軸)10セル×縦(Y軸)20セルなのに，「マップ出力設定」の「X軸設定」と「Y軸設定」がそれぞれ「9」と「19」となっているのは，おかしいと思うかも知れませんが，本書では詳しい説明は省きます(詳しい説明は，『人工社会構築指南』の第9章([0.2] pp88-97)をご参照ください)。ここでは「チェス型」表示にした際は，「X軸設定」と「Y軸設定」は1減らした値を入力するものだと覚えておいてく

**図10-2** マップ出力設定の画面

**図10-3** チェス型と囲碁型の表示の違い

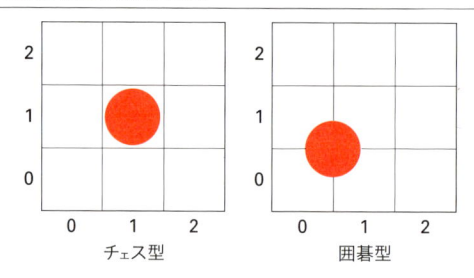

チェス型　　　囲碁型

ださい。

　さて，元に戻って「1ステップ実行」ボタンを連続して押して，歩行者エージェントの移動を進めてください。歩行者エージェント同士がぶつかりそうになったら，どちらかの歩行者エージェントが左右どちらかに避けるようになっています。
　このエージェントの行動ルールの基本的な部分は次のようになります。

（1）自身の周囲1セル以内にいる歩行者エージェントを確認する。
（2）1セル以内に歩行者エージェントがいる場合，前方または左右のいずれかのセルにいるかを確認する。

**図10-4** セル空間移動.modelの移動ルール

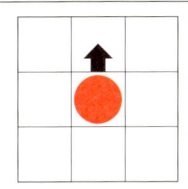

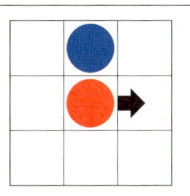

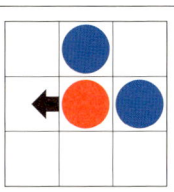

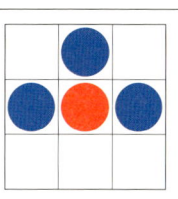

(3) 前方のセルに歩行者エージェントがいない場合は，1セル前へ進む。
(4) 前方のセルに歩行者エージェントがいるが，左右のセルがどちらにも歩行者エージェントがいない場合は，ランダムに右か左に1セル移動する。
(5) 前方に歩行者エージェントがいて，左右のセルのどちらかに歩行者エージェントがいる場合，歩行者エージェントがいないセルに1セル移動する。
(6) 前方のセルにも左右のセルにも歩行者エージェントがいる場合は，現在のセルに留まる。

この部分の簡単なルール図は上のとおりです（図10-4）。
以下は，「セル空間」での移動ルールのプログラム上の記述です（以下は，Hito_REDのルール）。

❖**プログラムTips No.10-2：「セル空間」での移動ルール**

Hito_REDのルール

```
Agt_Step{
Dim 前方 As Boolean
Dim 左側 As Boolean
Dim 右側 As Boolean
Dim 群集 As AgtSet
Dim 人数 As Integer

前方 = False
左側 = False
右側 = False
```

第10章 artisocで歩行者行動を表現する | 085

```
MakeAllAgtSetAroundOwnCell(群集, 1, False)   …①
人数 = CountAgtSet(群集)          ⎫
If 人数 > 0 Then                  ⎬ ②
    For each 誰か in 群集
        If 誰か.X == My.X and 誰か.Y == My.Y + 1 ↵
        Then
            前方 = True
        Elseif 誰か.X == My.X - 1 and 誰か.Y == ↵
        「My.X, My.Y」Then
            左側 = True                                          ③
        Elseif 誰か.X == My.X + 1 ↵
            and 誰か.Y == My.Y Then
            右側 = True
        End if
    Next 誰か
End if

If 前方 == True Then
    If 右側 == False And 左側 == False Then
        If Rnd() > 0.5 Then
            ForwardXCell(1)
        Else                                                     ④
            ForwardXCell(-1)
        End if
    Elseif 右側 == False Then
        ForwardXCell(1)
        Elseif 左側 == False Then                                ⑤
        ForwardXCell(-1)
    End if
Else
    ForwardYCell(1)   …⑥
```

```
End if
```

① 自身の周囲1セル分にいる歩行者エージェントを取得し，エージェント集合型変数である「群集」に追加します。MakeAllAgtSetAroundOwnCell()は，エージェント自身の周り（セル上）にいるエージェントが格納されたエージェント集合型変数を取得する組み込み関数です。この関数はすべてのエージェントを対象としています。

② 「群集」に入っているエージェントの数を数え，その数が0より多い場合にIF文の処理を実行します。CountAgtSet()は，エージェント集合型変数が保持しているエージェントの個数を取得する組み込み関数です。

③ My.X，My.Yは自身のX座標，Y座標です。誰か.X，誰か.Yは「群集」に含まれる歩行者エージェントのX座標，Y座標です。X座標が自身と同じで，Y座標が自身より1だけ大きいエージェントが存在した場合，進行方向にそのエージェントがいると判断します。X座標が自身より1だけ小さく，Y座標が自身と同じエージェントが存在した場合，左側にそのエージェントがいると判断します。X座標が自身より1だけ大きく，Y座標が自身と同じエージェントが存在した場合，右側にそのエージェントがいると判断します。なお，Hito_BLUE（上から下へ移動する青い歩行者エージェント）のルールでは，これらの座標位置は逆になっています。

④ ③の判定に従い，自身の進行方向を決めて移動します。前方に歩行者エージェントがいて，左右どちらのセルにも歩行者エージェントがいない場合は，Rnd関数により乱数値を取得し，それぞれ50%の確率で右か左に1セル移動します。ForwardXCell()は，セル上をX軸方向に進む組み込み関数です。

⑤ 左右どちらかのセルに歩行者エージェントがいる場合は，歩行者エージェントがいない方向に1セル移動します。

⑥ 前方のセルに歩行者エージェントがいない場合は，前方のセルに1セル進みます。ForwardYCell()は，セル上をY軸方向に進む組み込み関数です。なお，Hito_BLUE（上から下へ移動する青い歩行者エージェント）のルールでは，④〜⑥の移動方向は逆になっていることに注意し

てください。

10.3 歩行者エージェントの発生と消失

現実の歩行空間をモデルとしてシミュレーションモデルを作成する場合，歩行者エージェントが入口から入ってきたり，出口から出ていったりする動きを表現する必要が出てきます。その場合，歩行者エージェントを発生させたり消失させたりする処理をエージェントルールとして記述します。「セル空間移動B.model」を開き，「1ステップ実行」ボタンを押して，1ステップだけシミュレーションを実行してみましょう。横9セル×縦40セルで表現された連続空間「Field」を，赤い歩行者エージェント (Hito_RED) は下から上へ，青い歩行者エージェント (Hito_BLUE) は上から下へ，1セルだけ移動します。歩行ルールは，先ほどのセル空間移動のルールとまったく同じですが，今度は，赤い歩行者エージェント (Hito_RED) は，1番下の行のセルから発生し，上から2番目の行に到達すると消えます。青い歩行者エージェント (Hito_BLUE) は，1番上の行のセルから発生し，下から2番目の行に到達すると消えます。コントロールパネルの「Hito発生率」のスライドバーを右の方 (1の方) に移動させ実行すると，より多くの歩行者エージェントが発生します。この「Hito発生率」は，1ステップ当たりに歩行者エージェントを発生させる確率を表しています。この確率が0.1 (10%) くらいだと，歩行者エージェントはスムーズに流れますが，0.2 (20%) になると，他の歩行者エージェントが移動の邪魔をして詰まってしまいます。以下に，このシミュレーションモデルでの歩行者エージェントの発生と消失の方法を簡単に紹介します。

まずは，歩行者エージェントの発生についてですが，歩行者エージェントを発生させたい座標上に，歩行者エージェントとは別に，歩行者を発生させるためのエージェント (このモデルでは，Hito_RED発生エージェントとHito_BLUE発生エージェント) を作成します。他のエージェントと同じように，ツリー上の「空間」を選択して，メニューの「挿入」→「エージェントの追加」から歩行者発生エージェントを作成します。その歩行者発生エージェントのMy.X, My.Yに，歩行者エージェントを発生させたい位置の座標を入力します。「セル空間移動B.model」では，赤い歩行者エージェント (Hito_RED) を発生させるHito_RED発生エージェントは (0, 0) から (8, 0) までに合計9個，

青い歩行者エージェント（Hito_BLUE）を発生させるHito_BLUE発生エージェントは(0, 39)から(8, 39)までに合計9個を配置しています。

次に、Hito_RED発生エージェントとHito_BLUE発生エージェントのそれぞれのルールに以下のように記述します（以下は、Hito_RED発生エージェントのルール）。

❖プログラムTips No.10-3：歩行者エージェントの発生

```
Hito_RED発生のルール
Agt_Step{
Dim 新しい歩行者 As Agt

If Universe.Hito発生率 > Rnd() then
    新しい歩行者 = CreateAgt(Universe.Field.Hito_RED)
    新しい歩行者.X = My.X
    新しい歩行者.Y = My.Y
End if
}
```

上記では、乱数値が、Universe.Hito発生率以下だったら、CreateAgt関数によって新しい歩行者エージェントを作成し、その歩行者エージェントに、歩行者発生エージェントの座標を与えるようにしています。Rnd()は、0.0以上1.0未満の乱数値を求める組み込み関数です。CreateAgt()は、エージェントを1つ生成する組み込み関数です。なお、上記の例の場合、新しい歩行者エージェントの鋳型として、あらかじめエージェント種型変数（上記では、Hito_REDエージェント）をUniverse.Fieldに作成していなければならないことに注意してください。

なお、Universe.Hito発生率の値は、コントロールパネルの「Hito発生率」から入力します。そのためには、あらかじめUniverse直下に実数型の変数「Hito発生率」を作ってから、ツールバーの「設定」→「コントロールパネル設定」で「追加」→「ユーザー設定項目」の「設定対象」でHito発生率を選択します。

では，次に歩行者エージェントの消失についてですが，今度はHito_REDエージェントとHito_BLUEエージェントのそれぞれのルールに以下のように記述します（以下は，Hito_REDエージェントのルール）。

◆プログラムTips No.10-4：歩行者エージェントの消失

```
Hito_REDのルール
Agt_Step{
If My.Y == 38 Then
    KillAgt(My)
End if
}
```

このシミュレーションモデルのルールは非常に簡単で，Hito_REDは，My.Yが38になったとき，Hito_BLUEは，My.Yが1になったときに，KillAgt関数によって自身を削除します。KillAgt()は，エージェントを削除する組み込み関数です。IF文に記述する条件は，作成するシミュレーションモデルによって上記以外にもいろいろありますので，作成したいシミュレーションモデルに合わせて記述してください。

10.4 群集密度と歩行速度の関係

前節の「セル空間移動B.model」では，歩行者エージェントの数がある一定以上の場合，他の歩行者エージェントが移動の邪魔をして詰まってしまいました。どうやら群集密度と歩行速度は，大いに関係ありそうですね。これについてもう少し詳しくみていきましょう。

では，「セル空間移動C1.model」を開き，コントロールパネルの「Hito_RED密度」を「0.1」にして，シミュレーションを実行してください。「Hito_RED密度」は，1セル当たりのHito_REDエージェントの数（エージェント密度）を示しています。シミュレーションを実行すると，「Hito_RED密度」の値に応じた多数のHito_REDと1つのHito_BLUEエージェントが，空間「Field」にランダムに発生してから，向かい合って移動する様子がみられます。また，空間「Field」は縦方向にのみループする空間にして，それ

それのエージェントが空間「Field」の画面一番上まで到達したら画面一番下に，画面一番下まで到達したら画面一番上に再出現します（なお，縦方向にだけループしたいので，空間の「プロパティ」では「ループしない」設定にしています）。空間に歩行者エージェントをランダムに配置するプログラム上の記述については，後ほど紹介します。それ以外の歩行者エージェントの移動ルールは，「セル空間移動B.model」と同じです。

「Hito_RED密度」が「0.1」の状態で，Hito_BLUEエージェントの行動に注目して見ると，最初の方のステップでは，Hito_REDエージェントにぶつかって左右どちらかに移動しますが，ステップを経ていくうちに，Hito_REDエージェントとぶつかることがなくなり，Hito_BLUEエージェントだけのレーンが形成されます。表示されるグラフは，Hito_REDエージェントの方の平均速度を示しています。最初の方のステップでは，Hito_REDエージェントのうちのいくつかがHito_BLUEエージェントにぶつかってしまうため，平均速度は「1」より低くなりますが，Hito_BLUEエージェントだけのレーンが形成された後はぶつかることがなくなるので，平均速度は，最大速度である「1」に収束します。「Hito_RED密度」を「0.2」にしてみても，最終的には，Hito_BLUEエージェントだけのレーンが形成され，Hito_REDエージェントの平均速度は「1」に収束します。

しかしながら，「Hito_RED密度」を「0.3」にしてみると，Hito_REDエージェントの平均速度は「1」に収束しません。この原因は，歩行者エージェントの群集密度が高いので，衝突を回避した歩行者エージェントが，回避した後も他の歩行者エージェントの進路を妨げているようになるからです。「Hito_RED密度」の値を高くすると，Hito_REDエージェントの平均速度は低くなります。値をいろいろ変えて試してみてください。

また，これら群集密度と歩行速度の関係は，歩行者エージェントの移動方法によっても，大きく異なります。「セル空間移動C2.model」を開き，コントロールパネルの「Hito_RED密度」の値を，いろいろ変えて実行してみてください。先ほどとは，群集密度に対する歩行速度の値が大きく異なるのがわかると思います。実は，このシミュレーションモデルの移動ルールでは，前方に他の歩行者エージェントがいる場合，左右のセルではなく，左右斜め方向のセルに移動します。

このように，歩行者エージェントが前方に他者がいる際，空いている

セルを見つけて、真横のセルに移動するモデルは横ステッピングモデル (sidestepping model)、斜め前方のセルに移動するモデルは斜めステッピングモデル (diagonal stepping model) と呼ばれています。単純なルールの歩行者エージェントですが、群集密度と歩行速度の関係について興味深い知見を得ることができます[10.1]。

では、次に、空間に歩行者エージェントをランダムに配置するプログラムの記述について紹介します。

❖プログラムTips No.10-5：エージェントのランダム初期配置

```
Univ_Init{
Dim i As Integer
Dim 人数 As Integer
Dim 群集 As AgtSet

人数 = GetHeightSpace(Universe.Field) * 
GetWidthSpace(Universe.Field) * Universe.
Hito_RED密度  …①

CreateAgt(Universe.Field.Hito_BLUE)  …②

For i = 0 To 人数 - 1
    CreateAgt(Universe.Field.Hito_RED)       ③
Next i

MakeAgtSetSpace(群集, Universe.Field)         ④
RandomPutAgtSetCell(群集, False)
}
```

① 空間「Field」の総セル数とHito_RED密度の積により、生成するHito_REDエージェントの数を取得します。GetHeightSpace()とGetWidthSpace()は、それぞれ指定された空間の縦幅と横幅を取得する組み込み関数です。

② Hito_BLUEエージェントをひとつだけ生成します。
③ ①で取得したHito_REDエージェントの生成数だけ，Hito_REDエージェントを生成します。
④ Universe.Field上のすべてのエージェントをエージェント集合型変数「群集」のなかに格納したあとで，「群集」のなかからランダムに配置します。MakeAgtSetSpace()は，指定した空間上に存在する全てのエージェントをエージェント集合型変数に格納する組み込み関数です。RandomPutAgtSetCell()は，指定されたエージェント集合をセル上にランダムに配置する組み込み関数です。

10.5 障害物の表現方法

避難行動や空間レイアウトを検証するためのシミュレーションモデルを作成する場合，歩行者エージェントが「歩行可能な領域（通路など）」と「歩行不可能な領域（壁や障害物など）」を設けなければなりません。その方法には，大きく分けて，(1)「空間変数による設定」，(2)「エージェントの配置による設定」の二種類があります。以下では，それぞれについて簡単に説明します。

(1)「空間変数による設定」：「セル空間」の各座標の変数に「0」もしくは「1」を入力し，歩行者エージェントは，「0」のセルには進むことができるが，「1」のセルには進むことができないようにします。この空間変数の設定の仕方は，artisocのツリー上の「空間」を選択し，「変数の追加」を選択し，追加した変数に値を入力します。この変数は，空間のX座標とY座標に対応した2次元配列になっています。また，この空間変数は壁や障害物に限らず，第4章の4.3.3で述べたフロアフィールドを表現することもできます。

(2)「エージェントの配置による設定」：壁や障害物をエージェントとして作成し，歩行者エージェントはそのエージェントに対しても回避行動をとるようにします。障害物の表現には，いくつか方法があります。例えば，「セル空間」の場合には障害物を置きたいセルひとつひとつに障害物エージェントを配置する方法や，「連続空間」の場合には障害物を構成する頂

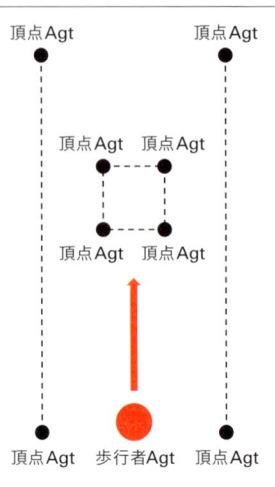

図10-5 頂点Agtによって構成される壁と障害物の範囲

点の位置に頂点エージェントを配置し，数理的に頂点と頂点が結ぶ辺を障害物の範囲とする方法などがあります（図10-5）。

はじめに，この「空間変数による設定」について，簡単なシミュレーションモデルを用いて紹介します。「障害物A.model」を開き，「1ステップ実行」ボタンを連続して押して，歩行者エージェントの移動を進めてください。「Field」という空間に，両端に壁と中央に障害物を設けています（黒色のセル）。赤い歩行者エージェントは下から上へ，青い歩行者エージェントは右から左へ移動していますが，他の歩行者エージェントと同様に中央の障害物も避けて移動します。先ほどのモデルよりも障害物がある分だけ，歩行者エージェントが詰まりやすくなっています。「Hito 発生率」を0.02（2%）くらいにするとスムーズに流れるようです。

では，変数「障害物」の初期値設定を開いてください。この空間では，左下が原点のセル（0,0,0）になっています。Dim:1がX座標の値，Dim:2がY座標の値になっています。壁や障害物が存在している座標のセルの変数「障害物」には，1という数値を入力しています（図10-6）。また，空間変数の値によってセル空間に色をつける方法は，ツールバーの「設定」→「出力設定」→「出力項目リスト」でFieldを選択肢し「編集」→「マップ出力設定」の

図10-6 空間変数の初期値設定

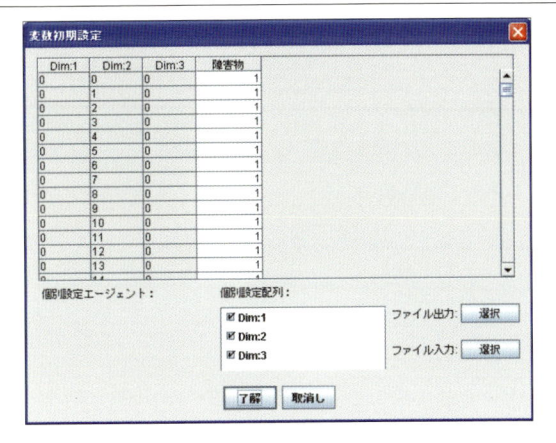

図10-7 空間変数の要素設定

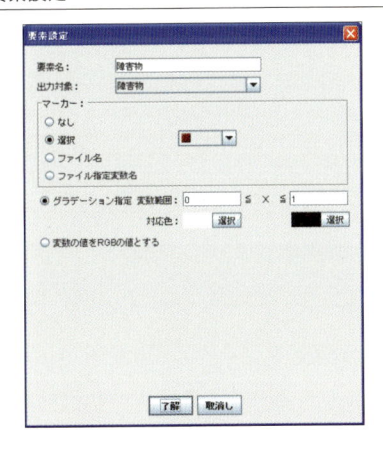

「マップ要素リスト」に「追加」→「対象」を「障害物」,「変数範囲」を「0 ≦ X ≦ 1」とし,それぞれの対応色を選択します(このシミュレーションモデルでは「0」を白色,「1」を黒色にしています)(図10-7)。

このルールの基本的な構成は,先ほどの「セル空間」の移動のルールと同じですが,各セルの空間変数(「障害物」)を認識するために次のコードを追加しています。

❖ プログラムTips No.10-6：空間変数の認識

Hito_REDのルール
```
Agt_Step{
Dim 前方 As Boolean
Dim 左側 As Boolean
Dim 右側 As Boolean
If Universe.Field.障害物(My.X, My.Y + 1,0) == 1 Then
     前方 = True
End if

If Universe.Field.障害物(My.X - 1, My.Y,0)
== 1 Then
     左側 = True
End if

If  Universe.Field.障害物(My.X + 1, My.Y,0)
== 1 Then
     右側 = True
End if
}
```

　Universe.Field.障害物 (X, Y, Z) という形式で，Universe.Fieldの変数「障害物」を参照します。ちなみにZの値は，3次元目の値を示していますが，このモデルは2次元空間のモデルですので，すべて0になっています。

　次に，「エージェントの配置による設定」について，障害物となるエージェントの配置のうち，障害物を置きたいセルひとつひとつに障害物エージェントを配置した場合を，簡単なシミュレーションモデルを用いて紹介します。「障害物B.model」を開き，「1ステップ実行」ボタンを連続して押して，エージェントの移動を進めてください。見た目上は先ほどのシミュレーションモデル（「障害物A.model」）とまったく同じです。唯一異なるところは，障害物が空間変数ではなく，エージェントとして配置されているところです。両端に

壁と中央に合計92個の障害物エージェントを配置しています。

　このシミュレーションモデルのルールは，先ほどのセル空間の移動のルール（「セル空間移動.model」）とまったく同じです。MakeAllAgtSetAroundOwn関数は，すべてのエージェント種を対象とするものなので，壁エージェントに対しても歩行者エージェントに対するルールと同じように回避します。

　以上で，「artisoc」を使って歩行者の移動を表現するための基礎的な部分について説明を終わります。次章以降では，「artisoc」を用いた歩行シミュレーションの具体的な事例として，セル空間の移動モデルの発展型である「ASPF（Agent Simulation of Pedestrian Flow）」について説明していきます。

（瀬良浩太・坂平文博）

第11章 L字通路での群集流とその危険性

本章では，セル空間移動ルールの発展型歩行ルールとして，ASPF（Agent Simulation of Pedestrian Flow）の紹介とそれを用いたL字通路のシミュレーション事例を紹介します。

11.1 L字通路でもっとも気をつけること

あなたは，曲がり角に差し掛かった際に，曲がり角の向こうから人が来ないかどうか気をつけながら歩いていますか？　普段は気をつけていても，急いでいるときなどは，ついつい注意を怠ってしまうこともあると思います。

一般の歩行者が，歩行者密度が低い場合に曲がり角でまず気をつけることは，出会い頭の衝突です。

しかしながら，もしあなたが一歩行者ではなく，空間の通路を設計する立場だったら，曲がり角で気をつけなければならないことは，歩行者同士の出会い頭の衝突だけではありません。この場合は，むしろ，異なる歩行者の流れ同士の衝突に気をつけなければなりません。

本章では，L字通路で対向する2つの歩行者の流れ，つまり2つの群集流が衝突すると，どのような密度変化が生じるのかについて，より現実的な空間スケールに合わせたモデルを用いて，考えましょう。

では，まずは，シミュレーションを実行してみます。付属CD-ROMの「11章」の「L字通路.binary」を開き，コントロールパネルの「自由歩行者発生ボタン」は「ON」，「発生率」は両方とも「0.2」にしたまま，「実行ボタン」を押してみてください。このL字通路は，北側が駅に繋がっており通路幅は6.8m，西側は催し物の会場に繋がっていて通路幅は3.6m，その交差部には広めの踊り場があります。なお，ここでは，この通路は段差やスロープがない平坦なものとしておきます。西側から赤い歩行者エージェントたちが，北側から青い歩行者エージェントたちがそれぞれ駅，会場に向かって群集となって，歩いてきます。2つの群集が衝突するとき，どの場所でどのよ

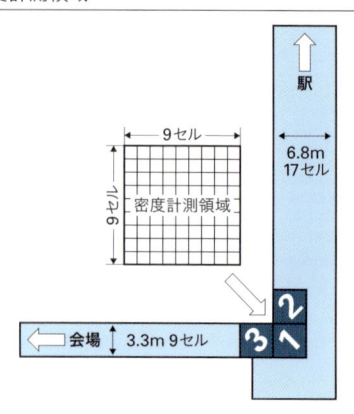

| **図11-1** | L字通路と密度計測領域 |

うな密度上昇が生じるのでしょうか？

　本書のこのモデルは，40cm四方を1セル，1ステップを1秒としています。西側通路は9セル，北側通路は17セルで表わされています。密度は9セル四方を単位として，図11-1に示すように，3ヶ所で計測します。領域1は屈曲部（経路通過点の黒点を含みます），領域2は屈曲部広幅員通路側，領域3は屈曲部狭幅員通路側，いわゆるボトルネックと呼ばれる場所です。なお，踊り場中央の「Waypoint」と称する黒点（両通路端の外側にも一つずつある）は，歩行目標もしくは経路通過点と呼ばれるもので，次章で詳しく説明します。ここでは，おおよこの点の2セル近辺まで到達したとき，次の黒点に向かって方向転換するものと思ってください。物理的な障害物ではありません。

　双方の通路端の各セルに1つのエージェント発生点が置かれており，コントロールパネルのスライドバーはA（西端）発生点，B（北端）発生点ともに，各ポイント1ステップ当たりのエージェントの発生（流入）確率を表わします。この値が0.2の場合，幅0.4m，1秒当たりに平均0.2人流入するので，流動係数は0.2（人/秒）÷0.4（m）＝0.5（人/m・秒）となります。0.1は流動係数が0.25，0.3は流動係数が0.75を意味しています。

　条件を変えながら，シミュレーションを試してみましょう。とくに領域別の群集密度の変化に着目して下さい。目安として，密度が3～5（人/m²）まで上がると，滞留が生じるとともに，将棋倒しなどの群集事故が生じる可能性が高まります。

表11-1 ASPFプロジェクトにおけるバージョンアップの経緯

バージョン名（年月） プログラム作成者	主な特徴	本書におけるプログラム Tips
ASPF ver.1 (2001.12) 矢野光 [11.1]	ーセル空間上18個の行動ルールによるパイロットモデル ー対向流からの層流形成（層化現象）を再現 ーL字通路モデルによる明石事故プロセスの分析の試み（報道記事に基づく）	
ASPF ver.2 (2004.02) 鈴木智彦*1 [11.2][11.3]	ーセル40cm, 21行動ルールのモデルに改良 ー一方向流密度－速度関係でパフォーマンスを確認 ー公式報告書に基づき, コーナリングルールなどを付加して, 明石事故プロセスを事後分析	No.11-1 ASPFの歩行ルール （第11章）
ASPF ver.3 (2004.12) 岡山大地 [11.4]	ー相対座標系の導入により連続空間上で歩行するモデル ー個々のエージェントに固有速度を導入 ー渋谷スクランブル交差点での「残留現象」を再現	No.11-2 相対座標への変換 （第11章） No.11-3 固有速度の設定 （第11章）
ASPF ver.4 (2007.02) 何雁峰*2 [11.5][11.6]	ー経路選択機能を導入（与えられた経路ネットワークのもとで出発地から目的地への経路を一つ選択） ー歩行目標維持機能を導入 ー複雑な形状を持つ複合商業空間におけるイベント時の混雑現象を再現	No.12-1 歩行目標維持機能 （第12章） No.12-2 歩行目標更新機能 （第12章）

※1 第4回MASコンペティションに応募, 佳作（発表者：伊藤悠太郎）
※2 第7回MASコンペティションに応募, 佳作

　本章の以下の節では，このシミュレーションモデルにおいて重要なルールである，「ASPFの歩行行動ルール」と「相対座標変換ルール」，「歩行者エージェントの固有速度の設定」について説明します。

11.2 ASPFプロジェクトとその歩行者モデル

　ここで用いている歩行者のルールは，ASPF（Agent Simulation of Pedestrian Flow）プロジェクトと称して，名古屋工業大学兼田研究室の卒業研究や修士研究のメンバーが取り組んできたモデル開発と一連のバージョンアップの成果です（表11-1）。本書では，説明の都合上，その簡略版をASPFモデルと称しています。

　ASPFモデルは，もともとセル空間上の歩行行動ルールで歩行者の行動を表現するものでした（Ver.2まで）が，この歩行行動ルールを用いて連続空間上を自由な方角に進むモデルに改良されました（Ver.3以降）。バージョンアップごとの工夫によって，現在，20個余りの歩行行動ルールを持つに到りま

した。この歩行行動ルールは，低密状況から高密状況へ変化するプロセスにおける歩行者の挙動を表現できる点に特徴があります。ただし，構成的モデリングのアプローチにより，試行錯誤を通じて形成されたものなので，今後もまた試行錯誤を通じて変更されるかもしれません。第12章で扱うVer.4では，歩行目標 (Waypoint) の維持機能や，その更新機能を用いての目的地到達機能，さらには最短経路選択機能を付加しています。

11.3 ASPFの歩行行動ルール

ASPFでは，現在の自身の位置と進行方向，他者の位置との関係から次ステップの自身の位置を決めます。これを歩行行動ルールと呼びます。

本書で説明するエージェントの歩行行動ルールは，大別すると以下の4パターン計21個あります。

(1) 基本行動ルール：低密度歩行時 (周囲の密度が2以下) における主にエージェントの直進行動を規定します (8個)。
(2) 対他減速ルール：低密度歩行時におもに前後のエージェントと間隔を保つため，他のエージェントに近づくにつれ減速するものです (7個)。
(3) 対他回避ルール：低密度歩行時におもに左右のエージェントと間隔を保つため，他者を回避するものです (4個)。
(4) 高密度ルール：高密度歩行時 (周囲の密度が2人/㎡超) に人々は左右の間隔を減らすよりも前後の間隔を減らしていく動作を表現します (2個)。

これらをダイヤグラムに整理して図11-2に示します。黒丸が自分，白丸が他者，薄色のセルはエージェントの不在を表わします。エージェントの進行方向は上向きですが，他者の進行方向は問いません。ASPFでは，周囲の密度に応じて分岐した状況のもとで，IF文で番号の若い順に検討してゆき，該当するものがあれば，1つを適用します。

「ASPF歩行A.model」を開き，歩行者エージェントのルールエディタを開くと，プログラムをみることができます。

図11-2 APSFモデルの歩行行動ルール

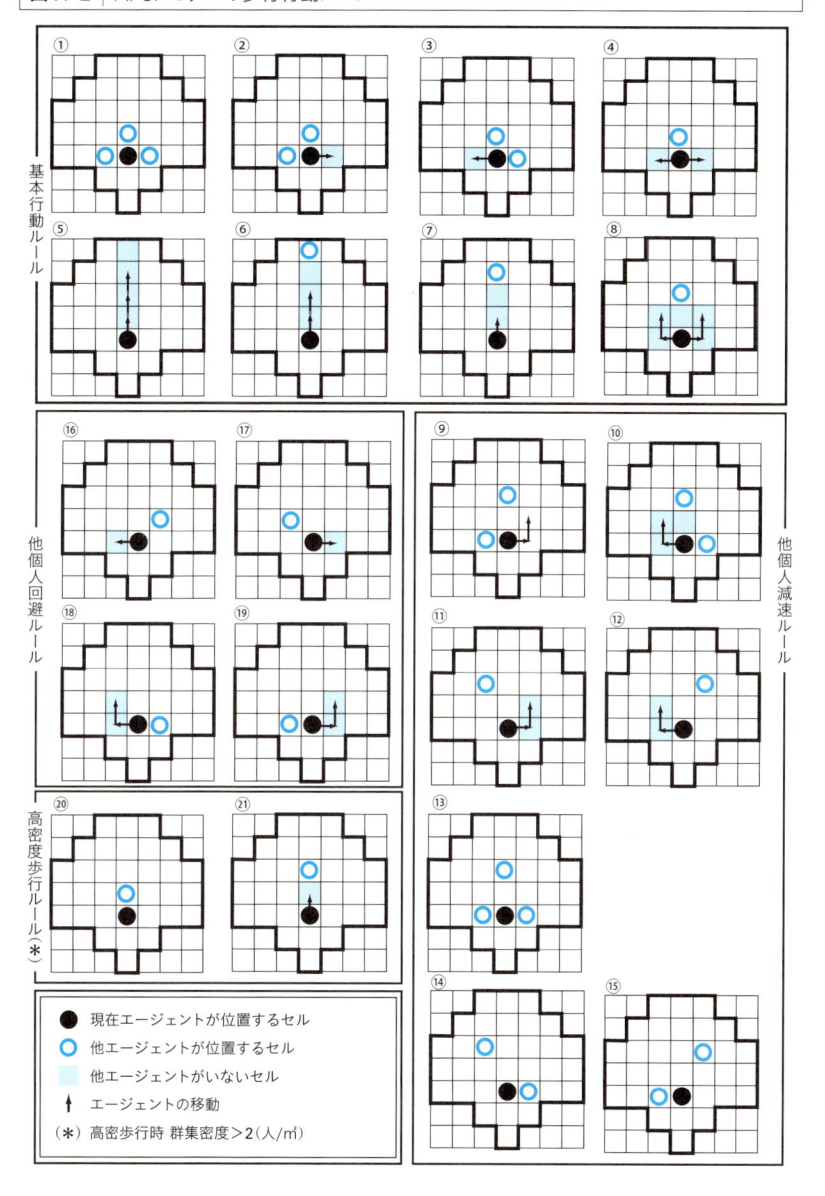

第11章 L字通路での群集流とその危険性

◆プログラムTips No.11-1：ASPFの歩行行動ルール

```
Agt_Step{
Dim 周囲の歩行者 as AgtSet
Dim 周囲の歩行者数 as Integer
Dim NCell(12,12) as Boolean   …①

周囲の歩行者数 = CountAgtSet(周囲の歩行者)
If 周囲の歩行者数 < 16 then                       ②
//以下は基本行動ルール
  If (Ncell(5,4) == True) And (Ncell(4,3) ==
True) And (Ncell(4,5) == True) Then
      //do nothing
      //ルール1
  Elseif (Ncell(5,4) == True) and
(Ncell(4,3) == True) Then
      Turn(-90)
      Forward(1)                                 ③
      Turn(90)
      //ルール2
  Elseif (Ncell(5,4) == True) and
(Ncell(4,5) == True) Then
      Turn(90)
      Forward(1)
      Turn(-90)
      //ルール3
  Elseif Ncell(5,4) == True Then
      If Rnd()<0.5 then
          Turn(-90)
          Forward(1)
          Turn(90)
      Else
          Turn(90)
```

```
            Forward(1)
            Turn(-90)
            //ルール4
       End if
   Elseif (Ncell(5,4) == False) And
(Ncell(6,4) == False) And (Ncell(7,4) == False)
And (Ncell(8,4) == False) then
       Forward(3)
       //ルール5
   Elseif (Ncell(5,4) == False) And
(Ncell(6,4) == False) And (Ncell(7,4) == False)
And (Ncell(8,4) == True) then
       Forward(2)
       //ルール6
   Elseif (Ncell(5,4) == False) And
(Ncell(6,4) == False) And (Ncell(7,4) == True) then
       Forward(1)
       //ルール7
//以下は対他減速ルール
   Elseif (Ncell(5,3) == False) And
(Ncell(5,4) == False) And (Ncell(5,5) == False)
And (Ncell(4,3) == False) And
(Ncell(4,5) == False) And (Ncell(6,4) == True) then
       If Rnd() <0.5 then
            Turn(-90)
            Forward(1)
            Turn(90)
            Forward(1)
       Else
            Turn(90)
            Forward(1)
            Turn(-90)
```

第11章 L字通路での群集流とその危険性

```
            Forward(1)
            //ルール8
        End if
    Elseif (Ncell(5,4) == False) And
(Ncell(5,5) == False) And (Ncell(4,3) == True)
And (Ncell(4,5) == False) And
(Ncell(6,4) == True) then
        Turn(-90)
        Forward(1)
        Turn(90)
        Forward(1)
        //ルール9
    Elseif (Ncell(5,3) == False) And
(Ncell(5,4) == False) And (Ncell(4,3) == False)
And (Ncell(4,5) == True) And
(Ncell(6,4) == True) then
        Turn(90)
        Forward(1)
        Turn(-90)
        Forward(1)
        //ルール10
    Elseif (Ncell(5,4) == False) And
(Ncell(5,5) == False) And (Ncell(6,3) == True) then
        Turn(-90)
        Forward(1)
        Turn(90)
        Forward(1)
        //ルール11
    Elseif (Ncell(5,3) == False) And
(Ncell(4,3) == False) And (Ncell(6,5) == True)
        then
        Turn(90)
```

```
       Forward(1)
       Turn(-90)
       Forward(1)
       //ルール12
  Elseif (Ncell(4,4) == True) And 
(Ncell(4,3) == True) And (Ncell(4,5) == True) 
then
       //do nothing
       //ルール13
  Elseif (Ncell(4,3) == True) And 
(Ncell(6,5) == True) then
       //do nothing
       //ルール14
  Elseif (Ncell(6,3) == True) And 
 (Ncell(4,5) == True) then
       //do nothing
       //ルール15
       //以下は対他回避ルール
  Elseif Ncell(5,5) == True then
       Turn(90)
       Forward(1)
       Turn(-90)
       //ルール16
  Elseif Ncell(5,3) == True then
       Turn(-90)
       Forward(1)
       Turn(90)
       //ルール17
  Elseif (Ncell(5,3) == False) And 
(Ncell(4,3) == False) And (Ncell(4,5) == True) then
       Turn(90)
       Forward(1)
```

第11章 L字通路での群集流とその危険性

```
        Turn(-90)
        Forward(1)
        //ルール18
    Elseif (Ncell(4,5) == False) And 
(Ncell(5,5) == False) And (Ncell(4,3) == True) then
        Turn(-90)
        Forward(1)
        Turn(90)
        Forward(1)
        //ルール19
    End if
    //以下は高密歩行ルール
Else
    If Ncell(5,4) == True Then
        //do nothing
        //ルール20
    Elseif (Ncell(5,4) == False) And 
(Ncell(6,4) == True) Then
        Forward(1)
        //ルール21
    End if
End if
```

① 自身の周囲の他の歩行者エージェントの存在を記憶する変数です。Boolean型の二次元配列になっています。Ncell (i, j) と表され、自身はNcell (4, 4) に位置し、自身の進行方向はx (i) 方向です。つまり、自身の一歩先のセルはNcell (4+1, 4) です。自身の周囲に他の歩行者エージェントがいる場合、該当するセルに相当するNcellにTrueが入力されています。図11-3は歩行行動ルール15番を例とした説明です。自分の直左にいるエージェントはNcell (4,5) =True、1セル右2セル前方にいるエージェントはNcell (6,3) =True、ほかに誰もいなければ、他のNcell (i,j) =Falseと入力されています。

図11-3 歩行行動ルール15番の例

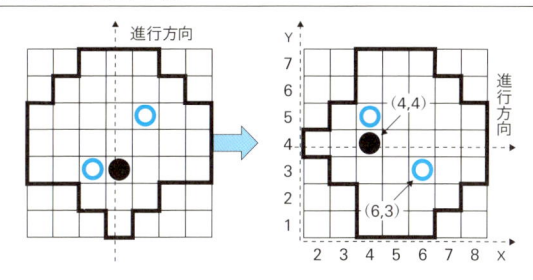

② 半径4セル分の歩行者エージェントを収めたエージェント集合変数「周囲の歩行者」のなかのエージェント数を求め，およそ密度2にあたる16人未満を低密，それ以上を高密として条件分岐します。
③ 第10章での歩行ルールと同様にIF文を用いて，NCellの入力値に従って，自身の進む方向と速度を指示しています。

相対座標の導入
11.4 ——セル空間用行動ルールを用いて連続空間を歩かせる方法

　前述したASPFの歩行行動ルールは，セル空間上で用いることを前提として作られています。セルを用いる以上，歩行者の進行方向が4方向に限られ，ぎこちなさを感じることもあります。そこで，この歩行行動ルールを用いながら，歩行者エージェントに360度自由な方向に歩かせる方向を考えてみましょう。

　解決の鍵は，絶対座標と相対座標の二種類の座標を用いることにあります。シミュレーションの空間を絶対座標を持つ連続空間として，エージェントたちをそこに置き，一方，各々のエージェントは自らの進行方向をx軸とした相対座標を持つセル空間上を歩かせることにします。これは，絶対座標上にある他者の位置を，エージェントごとに自身の相対セル座標に写し，その状況で適用された歩行行動ルールで得た自身の位置をふたたび絶対座標に戻すことによって可能になります。例を図11-4に示します。ここで，A，Bの絶対座標系上の位置は (1, 2)，(−2, 3) です。エージェントAは絶対座標系において45度（x軸から反時計回り）を進行方向としています。このとき，Aは自らの座標系では左に45度回転させて，Bが収まるセルの位置を計算しま

第11章　L字通路での群集流とその危険性

図11-4　絶対座標と相対座標と関係

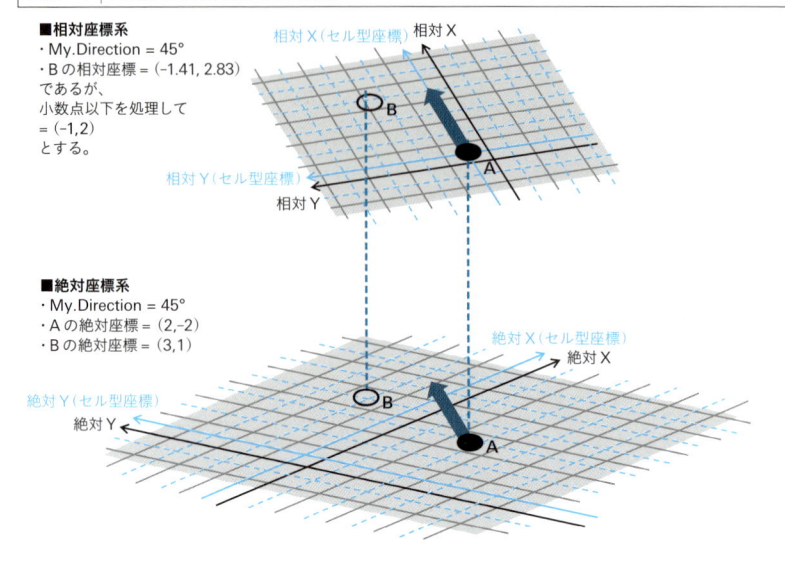

■相対座標系
・My.Direction = 45°
・Bの相対座標 = (-1.41, 2.83)
であるが、
小数点以下を処理して
= (-1,2)
とする。

■絶対座標系
・My.Direction = 45°
・Aの絶対座標 = (2,-2)
・Bの絶対座標 = (3,1)

す。ここでの計算では、Aの位置を原点 (0,0) として、Bの相対座標は (-1,3) となりました。

◆プログラムTips No.11-2：相対座標への変換

```
Agt_Step{
Dim 周囲の歩行者 As AgtSet
Dim 周囲の歩行者の数 As Integer
Dim i as integer
Dim j as integer
Dim 誰かとの距離 as double
Dim 誰かの角度 as double
Dim 誰かとの方角 as double
Dim 相対X差 as double
Dim 相対Y差 as double

For i = 0 to 12
  For j = 0 to 10
```

```
      Ncell(i,j) = False
  Next j
Next i

MakeOneAgtSetAroundOwn(周囲の歩行者, 4,
Universe.Field.歩行者, False)   …②

For each 誰か in 周囲の歩行者
    誰かとの距離 = 0
    誰かとの方角 = 0       ③

    誰かとの距離 = MeasureDistance(my.X, my.Y,
    誰か.X, 誰か.Y, Universe.Field)                    ④
    誰かの角度 = RadToDegree(Atn(Y軸上の差/ X軸上の差))

    誰かとの方角 = 誰かの角度 - my.direction

    相対X差 = Round(誰かとの距離 *
    Cos(DegreeToRad(誰かとの方角)))
                                                         ⑤
    相対Y差 = Round(誰かとの距離 *
    Sin(DegreeToRad(誰かとの方角)))

    Ncell(相対X差 + 4, 相対Y差 + 4) = True   …⑥

Next 誰か
```

① 前述のNcellを初期化しています。
② 自身の周囲4セル以内の歩行者エージェントをエージェント集合型変数「周囲の歩行者」に格納します。MakeOneAgtSetAroundOwn()は，エージェント自身の周りにいるエージェントが格納されているエージェント集合型変数を取得する組み込み変数です。
③ それぞれの変数を初期化しています。

④　MeasureDistance()は，2点間の最短距離を測定する組み込み関数です。また，アークタンジェントを用いて，自身と「誰か」とのX軸上とY軸上の距離から自身と「誰か」との角度を求めています。Atn()は，アークタンジェントの値を求める組み込み関数です。またDegreeToRad()は，角度(degree)を角度(rad)へ変換する組み込み関数です。

⑤　「誰か」との直線距離と角度から，三角関数を用いて，「誰か」とのX,Y座標上の距離と求めます。Cos()とSin()は，それぞれコサインとサインの値を求める組み込み関数です。なお，Round()は，小数点以下を四捨五入する組み込み関数です。

⑥　Dで求めた「誰か」とのX,Y座標上の距離に相当するNcellの値を「True」にします。なお，Ncell配列の自身の位置はNcell(4,4)ですので，Ncell(相対X差＋4，相対Y差＋4)となります。

11.5　歩行者エージェントの固有速度の設定

　プログラムTips No11-1では，ルール5にあるステップ当たり3セル(＝1.2m)，つまり毎秒1.2mが自由歩行速度に当たります。これに対して，人々の自由歩行速度には個人差があり，データを多数集計すると，正規分布することが知られています。ここで，歩行者エージェントごとに異なる固有速度を与えることを考えてみましょう。サンプルモデル「ASPF歩行B.model」では，これを歩行者エージェントに組み込んでいます。

　これは，歩行者エージェントのルール内のAgt_Int{}において，エージェント変数「My.固有速度」(実数型)に以下のプログラムコードで値を与えて，Agt_Step{}において，Forward()などの関数の引数として「My.固有速度」を使用することによって可能です。

◆プログラムTips No.11-3：歩行者エージェントの固有速度の設定

```
Agt_Int{
Dim 自由歩行速度平均 As Double
Dim 自由歩行速度SD As Double
```

```
    自由歩行速度平均 = 1.2    ⎫
                              ⎬ ①
    自由歩行速度SD = 0.3       ⎭

My.固有速度 = NormInv(Rnd(),自由歩行速度平均/1.2,
自由歩行速度SD/1.2)  …②

}
```

① まず，自由歩行速度の平均と自由歩行速度の標準偏差(いずれもm/s)で与えます。

② NormInv()は，指定した平均値と標準偏差に対する正規累積分布関数の逆関数の値を返す組み込み関数です。この関数に，上記の変数の値を入れておくと，一様乱数の値に応じて正規分布を持つ値を生成します。なお，1.2で除す理由は，単位をステップ当たりのセル数に変換するためです。

11.6 群集事故分析への適用

本章で紹介した「L字通路.binary」は，2001年7月21日に起きた明石花火大会歩道橋事故の現場をモデルにしたものです。なお実際には，西側通路は階段になっています。この事故は，両側の通路からの対向する群集が「衝突」して滞留し，群集密度が著しく高くなったため，「群集なだれ」(第6章参照)が生じ，結果として258人もの方々が死傷した，という痛ましいものでした。

2002年1月に発表された公式事故報告書[11.7]の記述に基づき，ASPFver.2でのシミュレーション[11.2][11.3]では，事故状況を再現することにより，群集密度上昇プロセスや群集事故リスクを減じる対策案を検討しています。

ASPFver.2のシミュレーションでは，とくに，報告書が事故要因として言及した，(1)対向流の交錯，(2)階段南面での花火見物のための立止まり者の存在，(3)有効な通行規制の不在，の再現を試みました。

(1)の対向流の交錯について簡単に説明します。ここで，曲がり角におい

て，大きい旋回で短い距離を歩きたがる行動心理を「コーナリング動因」と呼ぶことにします。曲がり角には「インコース」から入り，「アウトコース」へ抜ける，というコーナリング行動は，低密状況でよく見かけるものです。L字通路において対向する二者がコーナリング行動を採るならば，その軌跡は屈曲部付近のどこかで必ず交差します。群集は個々の持つ動因が集積したものなので，「コーナリング動因」により2つの対向流は交錯し，局所密度が上昇します。本シミュレーションモデルでは，3点の経路通過点（第12章で詳述）を設けて，この交錯現象を表現しました。

（2）の立止まり者については，西側通路南端に2～5（セル）列の立止まり者を設けて，密度上昇についてのこれらの影響を試算することとしました。また，（3）の有効な通行規制が行なわれていなかったとの事故報告書の指摘を踏まえて，中央に間仕切りを設けた際の効果も併せて検討しました。

シミュレーション分析の結果は，立止まり者がいない場合，対向流であっても双方の流動係数の和が1.5を下回る限り，密度は危険水準（密度4）を超えないが，立止まり者が3列以上の場合には，危険水準を超える密度が生じる，というものでした。その際，最も局所密度が高くなるのは，領域2の屈曲部広幅員通路側であり，これは，犠牲者を最も多く出した箇所に一致しています。

なお，シミュレーション結果は，仕切り導入が密度抑制効果を持つことを示しましたが，階段幅を二分した場合，1.8mとなり，アーチングによる事故リスクも併せて考慮すると，結局のところ，一方通行・立止まり禁止が最良の予防策と言えるとのことです。

（鈴木由宇・坂平文博）

第12章 商業施設の賑わいとイベント効果

　本章では，ASPFの歩行行動ルールに付随するいくつかのルールについて解説し，それを用いた商業施設のシミュレーション事例を紹介します。

12.1 商業施設イベントはどこでやればいいのか？

　あなたは，休日どこに買い物に行きますか？
　現在，郊外だけでなく都心にも，いわゆるショッピングセンターと呼ばれるような複数の店が集まった商業施設が数多く開業されるようになりました。特に，人気のある商業施設となると，休日にはそれぞれの店のなかだけでなく，外の通路や広場に多く人がいます。そして，それら人通りの多さは均一なものではなく，同じ通りでも人通りの多い場所と少ない場所があることがわかると思います。
　この人通りの多い場所と少ない場所のちがいはどうしてできるのでしょうか。
　当然，人気のある店舗には，多くの人が行きたいと思っているので，その店舗に近い場所には多くの人がいることでしょう。また，その場所に多くの人がいると，他の人はそれを避けるようにして歩かなければなりません。このようなものが積み重なって，人通りの多い場所と少ない場所ができます。
　では，商業施設で人通りが多い場所と少ない場所がわかると，どういった点でよいのでしょうか。
　例えば，あなたがショッピングセンターで何かを配布する立場だったら，人通りの多い場所で配布した方が，より多くの人に手にとってもらえるからよいと考えると思います。反対に，人通りのないところで配布してもあまり意味がないと考えると思います。
　一方で，あなたがショッピングセンターの支配人で，人通りの少ない場所をもっと賑やかにしたいと考えた場合，大道芸のパフォーマンスなどイベントを行ない，人通りの多い場所を一時的に作ることもできます。しかしなが

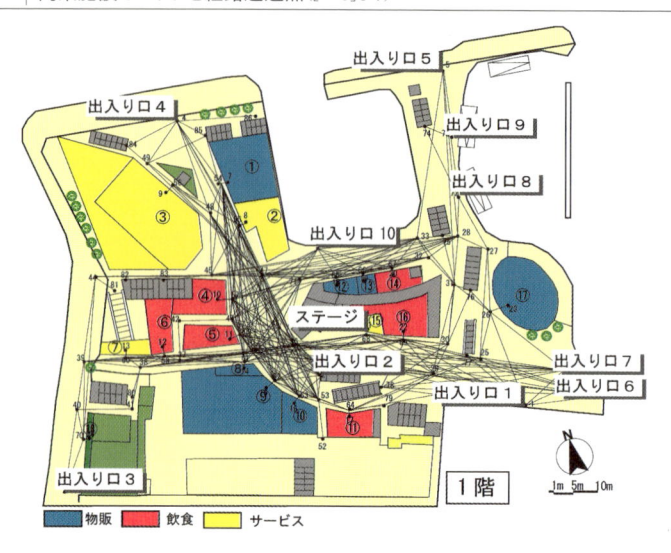

図12-1 商業施設のマップと経路通過点([11.6]より)

ら，配布物やイベントによっては，より多く人が集まってきてしまい，他の人の通行の妨げになってしまう場合や，さらには怪我をする人が出てきてしまう危険性も出てきます。これらを考えると，どこで配布やイベントを行なえばよいのかを判断するのは，実はなかなか難しいことだと思います。

これを実施する前に，いろいろ予測してみようというのが，本章で紹介するシミュレーションモデル[★1]です。

まずは，シミュレーションを実行してみましょう。付属CD-ROMの「12章」の「商業施設A.binary」を開き，コントロールパネルの各パラメータの数値は変えずに，その上にある「歩行者発生ボタン」だけを押してから，「実行ボタン」を押してみてください。

このマップは商業施設を上から見たものになっています。マップ上の番号が振ってある青色，赤色，黄色の部分は商業施設の店舗です。肌色の部分は商業施設の通路，つまり歩行空間になっています（図12-1）。

このマップ上をそれぞれの出入り口から出てきた歩行者エージェントが，店舗を渡り歩いている様子が分かります。また歩行者エージェントが，他の歩行者エージェントを避けながら歩いている様子も分かります。この回避

ルールは，先ほどの11章で説明した歩行ルール群を用いています。これら歩行者エージェントの動きによって，歩行空間のなかでも歩行者の行き来が多い場所と少ない場所が見えてきます。

次に，コントロールパネルの各パラメータの数値は変えずに，その上にある「歩行者発生ボタン」と「イベント発生ボタン」を押してから，「実行ボタン」を押してみてください。今度は，歩行空間の中央部分に歩行者エージェントが集まって来る様子が見えます。これは，商業施設の中央部分で行なわれているイベント（例えば，大道芸のパフォーマンスなど）に興味を持った歩行者がそのイベントを見るために集まってくる行動を表現しています。歩行者エージェントの色は，青色が普通の歩行者，赤紫色がイベントを視認しイベントに参加しようとしている歩行者，黄緑色がイベントを視認したがイベントには参加しない歩行者，赤色がイベントに参加した歩行者を示しています。なお，イベント実施場所に到達したら，イベントに参加したものと判定するようになっています。

本章の以下の節では，このシミュレーションモデルの重要なルールである，歩行者エージェントの「歩行目標維持機能」と「歩行目標更新機能」「イベント参加ルール」について説明してゆきます。

12.2 歩行目標維持機能

歩行者エージェントが他の歩行者エージェントや壁などの障害物を回避するために自身の進行方向を修正した場合，そのままの進行方向では，大きく目標地点とずれてしまうことがあります。とくに，複雑な形状の大規模な空間での歩行シミュレーションにおいては，これは大きな問題となります。それを防止するために，歩行者エージェントは自身のステップ数を数えておき，数ステップに1回の割合で目標地点の方向を進行方向として向き直します。

以下は，この目標維持機能に関するプログラム上の記述です。

❖プログラムTips No.12-1：歩行目標維持機能

```
Agt_Step{
My.ステップ数 = My.ステップ数 + 1
```

```
If  ( My.ステップ数 mod 5) == 0 Then  …①
    My.Direction = GetDirection(My.X, My.Y, 
My.WPX, My.WPY, Universe.商業施設)  …②
End If

目標距離 = MeasureDistance(My.X, My.Y, My.WPX, 
My.WPY, Universe.商業施設)  …③

If 目標距離 < 5 Then  …④
    If (My.ステップ数 mod 2) == 0 Then
        My.Direction = GetDirection(My.X, My.Y, 
My.WPX, My.WPY, Universe.商業施設)
    End If
End If
}
```

① 目標地点との距離がある程度離れている場合は，5ステップごとに歩行者エージェント自身の進行方向である「My.Direction」の値を更新し，目標地点の方向を方向進行方向として向き直します。

② GetDirection ()は，X座標とY座標で表わされるA地点からB地点への角度を求める組み込み関数です。「My.X」，「My.Y」は，エージェント自身のX座標とY座標，「My.WPX」，「My.WPY」は，目標地点となるWaypoint（経路点）のX座標とY座標です。Waypointについては，後述します。

③ MeasureDistace()は，X座標とY座標で表わされる2点間の最短距離を測定する組み込み関数です。

④ 目標地点との距離が近い場合は，5ステップごとでは，目標地点から大きく離れてしまう可能性がありますので，Aでの距離が5以下の場合は，2ステップごとに歩行者エージェント自身の進行方向である「My.Direction」の値を更新し，目標地点の方向を進行方向として向き直します。

図12-2 WayPointリストの一部

WP 到達（WayPointに到達した数）

WayPointのリストのID		1	2	3	4	5	6	7	8
	1	1	9999	9999	9999	9999	9999	9999	9999
	2	29	34	2	9999	9999	9999	9999	9999
	3	29	34	61	38	39	40	3	9999
	4	29	36	46	9999	9999	9999	9999	9999
	5	30	31	5	9999	9999	9999	9999	9999
	6	*	6	9999	9999	9999	9999	9999	9999
	7	29	36	54	9999	9999	9999	9999	9999
	8	29	36	55	9999	9999	9999	9999	9999
	9	29	36	48	9	9999	9999	9999	9999
	10	29	36	57	9999	9999	9999	9999	9999

※9999はすべてのWayPointに到達したことを表わす

12.3 歩行目標更新機能

このシミュレーションモデルでは，空間に，経路通過点（Waypoint）を配置し，歩行経路のネットワークを構成しています（図12-1）。それらの経路通過点は，各々の経路通過点がお互いに見える範囲に設置しています。歩行者エージェントは，この歩行経路のネットワークに沿って移動します。このような経路通過点の設置は，商業施設のような大規模で複雑な形状で，目的地がつねに目に見える範囲にあるとは限らない空間で有効です。

歩行者エージェントは，あらかじめダイクストラ法で設定された出発点から目的地までの最短となるWaypointのリスト（付属CDの「12章」の「ShortestPath.csv」）を参照にして，現在までに到達しているWaypointの数から，次に向かうべき目標地点であるWaypointを決定します（図12-2）。

その後，目標地点であるWaypointの一定の範囲内に近づいたら，そのWaypointに到達したと判断し，リストにある次の目標地点であるWaypointに向かいます。このようにWaypointを更新してゆき，リストにあるすべてのWaypointに到達した場合，目的地に到達したと判断します。目的地に到達した数が，あらかじめ設定された施設への立ち寄り予定数より少なければ，次の目的店舗を目的地とし，施設への立ち寄り予定数に達していれば，出口に向かいます。この部分の簡単なフロー図は次頁のとおりです（図

図12-3 歩行目標更新機能のフロー図

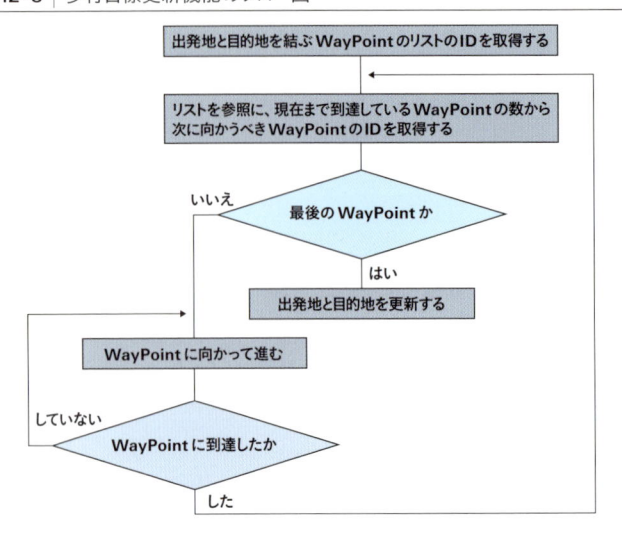

[フロー図: 出発地と目的地を結ぶWayPointのリストのIDを取得する → リストを参照に、現在まで到達しているWayPointの数から次に向かうべきWayPointのIDを取得する → 最後のWayPointか（はい→出発地と目的地を更新する／いいえ→WayPointに向かって進む → WayPointに到達したか（した／していない））]

12-3)。

以下は、この歩行目標更新機能のプログラム上の記述です。

❖プログラムTips No.12-2：歩行目標更新機能

```
Agt_Step{
My.WPX = Universe.商業施設.Waypoint.X(WP設定())
My.WPY = Universe.商業施設.Waypoint.Y(WP設定())

If My.X >=My.WPX- 2 and My.X <= My.WPX + 
2 and My.Y >= My.WPY - 2 and My.Y<= 
My.WPY +2 Then   …③
     My.WP到達 = My.WP到達 + 1
End If

If   WP設定() == 9999 Then   …④
     My.目的地到達 = My.目的地到達 + 1
     My.WP到達 = 0
     If My.目的地到達 < My.立ち寄り施設数 Then
```

```
            My.出発点 = My.目的地
            My.目的地 = 次の目的店舗()
            My.目的店舗 = My.目的地
    ElseIf My.目的地到達 == My.立ち寄り施設数 Then
            My.出発点 = My.目的地
            My.目的地 = My.出口
            My.目的店舗 = My.目的地
    End If
End If


Function WP設定() As Integer {
Dim i As Integer
Dim j As Integer
Dim WP As Integer

i = WPリスト設定()
j = My.WP到達

WP = Universe.WP設定(i,j)   …②
Return (WP)
}


Function WPリスト設定() As Integer{
Dim i As Integer
Dim j As Integer
Dim WPL As Integer

i = My.出発点
j = My.目的地
WPL = Universe.WPリスト設定(i,j)   …①
Return (WPL)
}
```

⑤

第12章 商業施設の賑わいとイベント効果

① 出発点と目的地を結ぶWaypointのリストのIDを取得します。リストのIDは，Universeの変数として定義されており，2次元配列(出発点と目的地)となっています。WPリスト設定()は，そのリストのIDを返すユーザ定義関数です。
② ①で得られたWaypointのリストのIDを参照にして，現在まで到達しているWaypointの数(「My.WP到達」)から，次に向かうべき目標地点であるWaypointのIDを取得します。WP設定()は，そのWaypointのIDを返すユーザ定義関数です。
③ 目標地点であるWaypointの2セル以内に近づくと，そのWaypointに到達したと判断し，現在まで到達しているWaypointの数を更新します。ここで更新されたWaypointの数を用いて，②で次に向かうべき目標地点であるWaypointのIDを取得します。
④ すべてのWaypointに到達した場合(Waypointのリストの最後に便宜的に9999という数字をおいて，それによって判定しています)，目的地に到達したと判断し，Waypointの数を初期化します。
⑤ 目的地に到達した数が，施設への立ち寄り予定数に達していない場合は，到達した目的地を出発点とし，次の目的店舗を次の目的地を設定します。目的地の到達した数が，施設への立ち寄り予定数に達した場合は，到達した目的地を出発点とし，出口を次の目的地として設定します。

12.4 イベント参加ルール

このシミュレーションモデルの商業施設の空間に，経路通過点(Waypoint)のネットワークが存在していることは，先ほど説明しました。今回，イベントはそのWaypointの第36番目で行なわれるように設定しています。そのイベントを視認する範囲は，Waypointの第68番目，第69番目，第64番目，第62番目，第57番目，第71番目を結んだ多角形に設定しています(波線で囲まれた範囲)。つまり，歩行者エージェントはこの多角形の領域内に入るとイベントを視認，コントロールパネルでのイベント誘引率で与えられた割合に従って，イベントに参加するかどうかの決定を行ないます。イベントに参加

図12-4 イベント参加ルールのフロー図

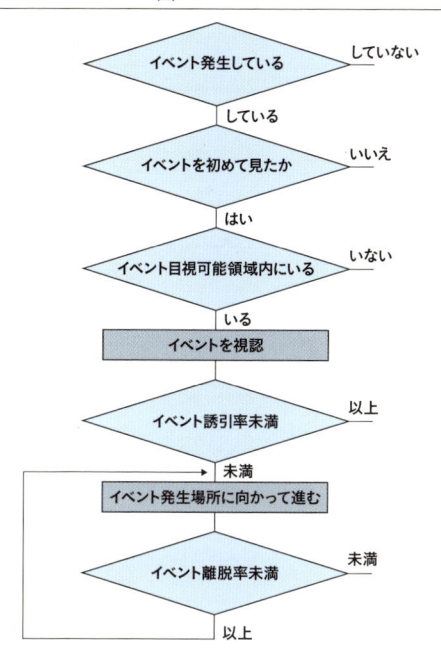

```
        イベント発生している ──していない
              │
            している
              │
        イベントを初めて見たか ──いいえ
              │
             はい
              │
      イベント目視可能領域内にいる ──いない
              │
             いる
              │
         [イベントを視認]
              │
        イベント誘引率未満 ──以上
              │
             未満
              │
    ┌──→ イベント発生場所に向かって進む
    │         │
    │   イベント離脱率未満 ──未満
    │         │
    │        以上
    └─────────┘
```

する場合は，経路通過点の第36番目に向かって歩きます。この部分の簡単なフロー図は上のとおりです（図12-4）。

　このルールでもっとも重要なところは，歩行者エージェントが多角形の領域に入っているかどうかの判定です。この判定は，仮想の原点を設けて，その原点と歩行者エージェントの現在地を結ぶ線分と多角形の辺との交点の数によって行ないます。それら線分の交点が1点の場合は，歩行者エージェントは多角形の領域の中に入っていると判定し，それ以外の場合（交点がない，交点が2点）は，歩行者エージェントは多角形の領域の外にいると判定します（図12-5）。

　以下は，このイベント参加ルールのプログラム上の記述です。

図12-5 多角形領域への進入判定

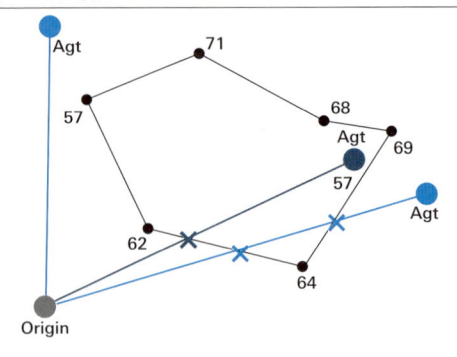

❖プログラムTips No.12-3：イベント参加ルール

```
Univ_Init{
    AddAgt(Universe.商業施設.領域頂点集合, 
Universe.商業施設.Waypoint(68))
    AddAgt(Universe.商業施設.領域頂点集合, 
Universe.商業施設.Waypoint(69))
    AddAgt(Universe.商業施設.領域頂点集合, 
Universe.商業施設.Waypoint(64))
    AddAgt(Universe.商業施設.領域頂点集合, 
Universe.商業施設.Waypoint(62))
    AddAgt(Universe.商業施設.領域頂点集合, 
Universe.商業施設.Waypoint(57))
    AddAgt(Universe.商業施設.領域頂点集合, 
Universe.商業施設.Waypoint(71))
}
```
①

```
Agt_Step{
Dim 頂点数 As Integer
Dim i As Integer
Dim 当該頂点番号 As Integer
Dim 次の頂点番号As Integer
Dim 頂点A As Agt
```

```
Dim 頂点B As Agt
Dim x As Double
Dim y As Double
Dim 交点集合 As Agtset

If Universe.イベント発生 == True Then
    If My.イベント視認 == False Then
```
②

```
        頂点数 = CountAgtset(Universe.商業施設.
領域頂点集合） …③

        For i =0 To 頂点数 - 1
            当該頂点番号 = i
            次の頂点番号 = i+1
            If 当該頂点番号==頂点数- 1 Then
                次の頂点番号= 0
            End If
            頂点A = GetAgt(Universe.商業施設.
領域頂点集合，当該頂点)
            頂点B = GetAgt(Universe.商業施設.
領域頂点集合，次の頂点)

            x = QuadraticX(頂点A，頂点B)
            y = QuadraticY(頂点A，頂点B)
```
④

⑤

```
            If ((My.X <= x  And x <=
Universe.商業施設.Origin.X ) Or
(Universe.商業施設.Origin.X <= x And x <=
My.X )) And ((My.Y <= y And y <=
Universe.商業施設.Origin.Y) Or
(Universe.商業施設.Origin.Y <= y And y <=
My.Y )) Then
```

```
                If ((頂点A.X <= x And x 
<= 頂点B.X) Or (頂点B.X <= x And x <= 頂点A.X)) 
And((頂点A.Y <= y And y <= 頂点B.Y) Or 
(頂点B.Y <= y And y <= 頂点A.Y)) Then
                    AddAgt(交点集合,頂点A)
                End If
            End If
        Next i

        If CountAgtset(交点集合) == 1 Then
            My.イベント視認 = True
            If Universe.イベント誘引率 > Rnd() Then
                「経路通過点のイベント発生場所に向かう」
            End If
        End If
    End If
  End If
End If
}

Function QuadraticX (頂点A As Agt, 頂点B As Agt) 
As double {   …⑧
Dim a1 As double
Dim b1 As double
Dim a2 As double
Dim b2 As double
Dim x As double
Dim y As double

If Universe.商業施設.Origin.Y - My.Y == 0 Then
    If 頂点B.Y - 頂点A.Y == 0 Then
        x = 0
```

```
            y = 0
        ElseIf 頂点B.X - 頂点A.X == 0 Then
            x = 頂点B.X
            y = Universe.商業施設.Origin.Y
        Else
            a2 = (頂点B.Y - 頂点A.Y) / (頂点B.X - 頂点A.X)
            b2 = (頂点A.Y - 頂点A.X * (a2))
            y = Universe.商業施設.Origin.Y
            x = (y - b2) / a2
        End If
    ElseIf Universe.商業施設.Origin.X - My.X == 0 Then
        If 頂点B.Y - 頂点A.Y == 0 Then
            x = Universe.商業施設.Origin.X
            y = 頂点B.Y
        ElseIf 頂点B.X - 頂点A.X == 0 Then
            x = 0
            y = 0
        Else
            a2 = (頂点B.Y - 頂点A.Y) / (頂点B.X - 頂点A.X)
            b2 = (頂点A.Y - 頂点A.X * (a2))
            x = Universe.商業施設.Origin.X
            y = a2 * x + b2
        End If
     ElseIf 頂点B.Y - 頂点A.Y == 0 Then
        If Universe.商業施設.Origin.Y - My.Y == 0 Then
            x = 0
            y = 0
        ElseIf Universe.商業施設.Origin.X - My.X == 0 Then
            x = Universe.商業施設.Origin.X
            y = 頂点B.Y
```

```
    Else
            a1 = (Universe.商業施設.Origin.Y - 
My.Y) / (Universe.商業施設.Origin.X - My.X)
            b1 = (My.Y - My.X * (a1))
            y = 頂点B.Y
            x = (y - b1) / a1
    End If
ElseIf 頂点B.X - 頂点A.X == 0 Then
        If  Universe.商業施設.Origin.Y - My.Y 
== 0 Then
            x = 頂点B.X
            y = Universe.商業施設.Origin.Y
    ElseIf Universe.商業施設.Origin.X - My.X 
== 0 Then
            x = 0
            y = 0
    Else
            a1 = (Universe.商業施設.Origin.Y 
- My.Y) / (Universe.商業施設.Origin.X - My.X)
            b1 = (My.Y - My.X * (a1))
            x = 頂点B.X
            y = a1 * x + b1
    End If
Else
        a1 = (Universe.商業施設.Origin.Y - My.Y) / 
(Universe.商業施設.Origin.X - My.X)
        b1 = (My.Y - My.X * (a1))
        a2 = (頂点B.Y - 頂点A.Y) / (頂点B.X - 頂点A.X)
        b2 = (頂点A.Y - 頂点A.X * (a2))
        If (a1 - a2) == 0 Then
        x = (b2- b1)
        y = a1 * x + b1
```

```
    Else
        x = (b2- b1) / (a1- a2)
        y = a1 * x + b1
    End If
End If

Return (x)
}
```

① 多角形領域を構成するWaypointを空間（「商業施設」）のエージェント集合型変数である「領域頂点集合」に追加していきます。経路通過点の追加の順番は，時計回りでも反時計回りでもかまいませんが，必ず辺を構成する順番に入れます。AddAgt()は，エージェント集合型変数にエージェントを追加する組み込み関数です。

② イベントが発生しており，しかも歩行者エージェントがそのイベントに今まで視認していない場合に，IF文以下のルールが実行されます。

③ ①②で追加したWaypointの数を数えます。CountAgtset()は，エージェント集合型変数が保持しているエージェントの個数を取得する組み込み関数です。

④ 「領域頂点集合」が保持しているWaypointの組み合わせ（多角形の辺を構成する2点の経路通過点）を追加された順番に取り出し，それぞれ「頂点A」と「頂点B」とします。例えば，「頂点A」と「頂点B」がそれぞれ，「領域頂点集合」のなかの1番目と2番目，2番目と3番目，…，6番目と1番目というように取り出します。

⑤ 歩行者エージェントの現在地座標（My.X, My.Y）と仮想原点の座標（Origin.X, Origin.Y）が結ぶ線分と，「頂点A」と「頂点B」が構成する辺との交点のX座標の値とY座標の値を求めます。QuadraticX()とQuadraticY()は，「頂点A」と「頂点B」を引数として，上記の交点のX座標とY座標を求めるユーザ定義関数です。

⑥ ⑤で求めた交点が，歩行者エージェントの現在地座標と仮想原点

の座標が結ぶ線分と,「頂点A」と「頂点B」が構成する辺との範囲内に存在する交点なのかどうか判定し,範囲内の交点だった場合は,「交点集合」に「頂点A」を追加します。

⑦ 「交点集合」が保持している交点を持つ「頂点A」の数を数え,その数が1個ならば多角形領域のなかに歩行者エージェントがいると判定し,歩行者エージェントはイベントを視認したとします。その後は,「イベント誘引率」に応じて,イベント発生場所に向かいます(イベントに参加する)。なお,Rnd()は0.0以上1.0未満の乱数値を求める組み込み関数です。

⑧ QuadraticX()は,前述したように「頂点A」と「頂点B」を引数として,歩行者エージェントの現在地座標(My.X, My.Y)と仮想原点の座標(Origin.X, Origin.Y)が結ぶ線分と,「頂点A」と「頂点B」が構成する辺との交点のX座標の値を戻り値するユーザ定義関数です。交点の求め方は,本書では割愛しますが,プログラムの実行上,0で除算できないので,それを回避するために場合分けをしています。なお,QuadraticY()は,QuadraticX()と戻り値が交点のY座標であることだけが異なりますので,ここでは省略します。

12.5 イベント実施場所による視認効果の違い

イベント実施場所を変えたら,イベントに参加する人の数はどれくらい変化するのでしょうか。そのために,もう一度,シミュレーションを実行してみましょう。先ほどと同じように,まずは,コントロールパネルの各パラメータの数値は変えずに,その上にある「歩行者発生ボタン」だけを押してから,「実行ボタン」を押してみてください。

値出力「数値」に注目してください。経過時間,総歩行者数,入場者数,退場者数,領域1～3の群集密度,イベント視認者数,イベント誘引者数,イベント視認者率,イベント誘引者率,イベント参加者数が表示されています。領域1～3の群集密度とは,それぞれ,下記の図(図12-6)で示す領域の群集密度(1平方メートル当たりの歩行者エージェントの数)のことです。また,これら領域1～3の群集密度は,時系列グラフ「領域群集密度」としても出力しています。シミュレーションの実行が自動的で停止する600ステップ後の

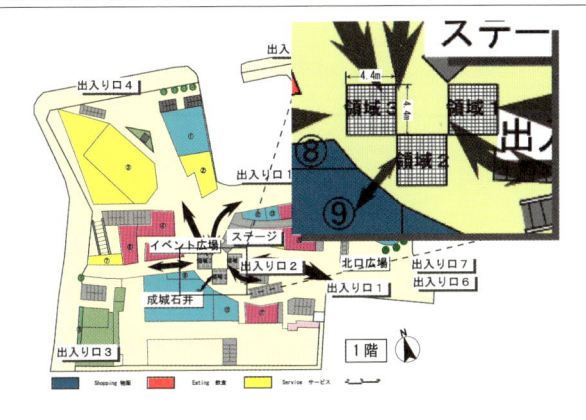

図12-6 群集密度を計測する領域（[11.6]より）

値は，どうなっているでしょうか。「イベント発生ボタン」を押してイベントを発生させていないので，当然，イベント視認者数以下の値は，すべて0になっています。領域1～3の群集密度に関しては，乱数によって，実行ごとに若干数値は異なりますが，おそらく領域1の密度がもっとも高くなっている場合が多いと思います。

　次に，また先ほどと同じように，コントロールパネルの各パラメータの数値は変えずに，その上にある「歩行者発生ボタン」と「イベント発生ボタン」を押してから，「実行ボタン」を押してみてください。同じく「数値」ウィンドウと「領域群集密度」時系列グラフに注目してください。同じようにシミュレーションの実行が自動的で停止する600ステップ後の値を見てください。商業施設の中央広場に多くの歩行者エージェントが集まってきていることが分かると思います（図12-7）。乱数によって，実行ごとに若干数値は異なりますが，図12-8の試行時では，全歩行者エージェントの約59%がイベントを視認し，約30%がイベントに参加しています。また群集密度に関しては，先ほどと比較すると全体的に密度が高くなっていると思います。なかには1平方メートル当たり2人以上の値を示している領域もあると思います。また先ほどとは異なり，領域3の密度がもっとも高くなっている場合が多いと思います。この試行では，イベント誘引率80%，イベント離脱率1ステップ当たり1%というような極端な設定（コントロールパネルの数値を変更していな

第12章 商業施設の賑わいとイベント効果　131

| 図12-7 | 中央広場でのイベント発生の歩行者エージェントの分布 |

| 図12-8 | 中央広場でのイベント発生の値出力画面 |

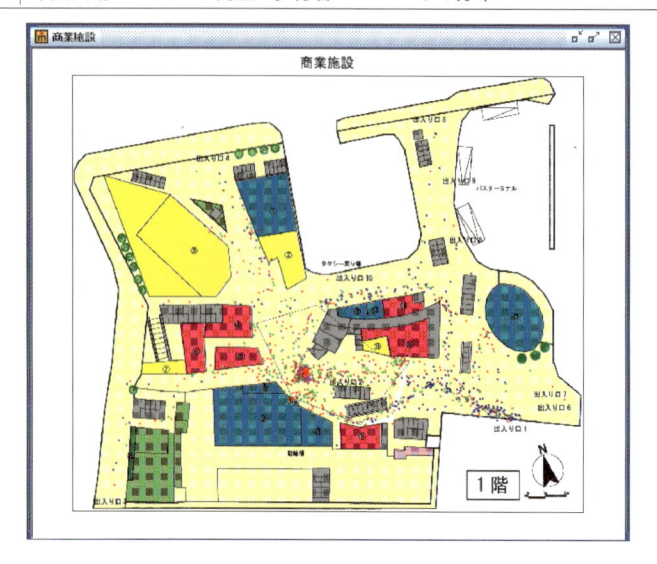

い場合)にしていますが，1平方メートル当たり2人以上の高密度になってしまった場合は，安全上の施策として群集規制の必要があるかも知れません。コントロールパネルにある発生率(各出入り口における歩行者エージェントの発生率)の数値やイベント誘引率・イベント離脱率の数値をいろいろ変えてみて，イベントに集まってくる歩行者の数やそれぞれの領域の密度がどう変わるのかをみて見るのも面白いと思います。

図12-9 　北側の通路でのイベント発生の歩行者エージェントの分布

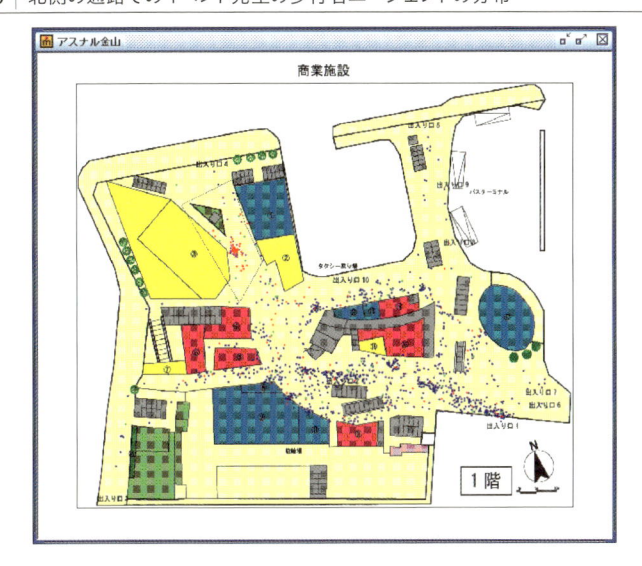

図12-10 　北側の通路でのイベント発生の値出力画面

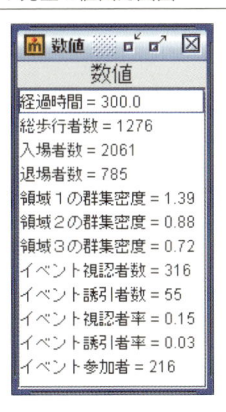

```
数値
経過時間 = 300.0
総歩行者数 = 1276
入場者数 = 2061
退場者数 = 785
領域1の群集密度 = 1.39
領域2の群集密度 = 0.88
領域3の群集密度 = 0.72
イベント視認者数 = 316
イベント誘引者数 = 55
イベント視認者率 = 0.15
イベント誘引者率 = 0.03
イベント参加者 = 216
```

　では，イベント場所を変えてみたら，イベントを視認する人の数やイベントに参加して人の数はどう変化するでしょうか。

　「商業施設B.bibary」を開いて，コントロールパネルの各パラメータの数値は変えずに，その上にある「歩行者発生ボタン」と「イベント発生ボタン」を押してから，「実行ボタン」を押してみてください。今度は，商業施設の北側の通路でイベントが発生するように変えてみました。それに伴い，視

認領域（波線で囲まれた範囲）も変えています。同じようにシミュレーションの実行が自動的で停止する600ステップ後の値を見てください。商業施設の北側の通路に歩行者エージェントが集まってきていますが，中央広場の時よりも集まっている人数が少ないことが分かると思います（図12-9）。乱数によって，実行ごとに若干数値は異なりますが，図12-10の試行時では，全歩行者エージェントの約16%がイベントを視認し，約10%がイベントに参加しています。イベントを中央広場で行なった場合の方が，北側の通路で行なったよりも多くの人にイベントを見てもらえ，参加してもらえる確率が高いことが分かります。しかしながら，先に述べたように，人通りの多い中央広場で人気の高い（誘引率の高い）イベントを行なってしまうと安全上問題が発生する場合があります。このように，どこでイベントを実施すればよいのかについては，ただ人通りの多い場所でやればいいというものではないということが分かると思います。

また，そもそもイベントは多くの人に知ってもらうことだけが目的ではない場合もあります。今回のシミュレーションモデルには組み込んでいませんが，イベントを人通りの少ない場所で敢えて実施することで人をその場所に集め，その場所の近くにある店舗の認知を向上させることも考えられます。

以上のように，商業施設の人流についてはいろいろなことが検討できます。今回のシミュレーションモデルは，その基本となるものです。みなさんもいろいろ考えて，ぜひartisocで作成してみてください。

（坂平文博）

註

★1────このモデルは，第7回MASコンペティションに応募，佳作のモデル［12.1］［12.2］のイベントの発生に関する部分を改造したものです。

第13章 遊園地のアトラクションの混雑と効果的なアナウンス

本章では，歩行者エージェントシミュレーション作成の参考になるように，ASPF以外でのルールについての紹介とそれを用いた遊園地のシミュレーション事例を紹介します。

13.1 できるだけ待たずにアトラクションに乗りたい

ゴールデンウィークや夏休みになると，遊園地やテーマパークには多くの家族連れやカップルが訪れ，賑わいます。そうなると，遊園地やテーマパークのアトラクションのなかには2時間や3時間も待たなければ乗れないものも出てきます。

あなたは，どれくらいの時間までなら，列に並んで待つことができますか？

待つことや並ぶことが嫌いな人は，ある一定時間待たなければならない場合，他の空いているアトラクションに行ってしまいます。しかし，これを繰り返していると，敷地内をぐるぐる回ってしまい，結局，アトラクションに乗れる回数が少なくなります。その結果，その遊園地やテーマパークに対する顧客満足度は低いかも知れません。また辛抱強く列に並んだ人でも，結局，アトラクションに乗れる数が少なくなると，結局，顧客満足度は低いかも知れません。

遊園地やテーマパーク側としても，来て頂いた人にはできるだけ満足して帰って，リピーターになって，再度来て頂きたいと思っています。現在，業績好調な遊園地やテーマパークの入場者のほとんどはリピーターだそうです。では，できるだけ多くのアトラクションに乗ってもらって，満足して帰ってもらうにはどうすればよいのでしょうか？

最近は，混雑情報を知ることができる情報機器の導入などが検討されていますが，その効果は実際にやってみないと分かりません。

そこで，これを実際に試してみる前に，いろいろ予測してみようという

| 図13-1 | 仮想遊園地のマップ |

のが，本章で紹介するシミュレーションモデルです。このモデルは，『コンピュータの中の人工社会』([0.1] pp.124-139)においても紹介していますが，本章で紹介するものは，「artisoc」上でも動かせるようにプログラムコードを書き換えたものです。

はじめに，このシミュレーションモデルの空間として，3つのアトラクションからなる仮想の遊園地を「artisoc」上に作成しました（図13-1）。入場者エージェントは遊園地内の入退場ゲートから出発し，アトラクションが持っている魅力の度合い（アトラクション効用値）やアトラクションまでの距離を考慮してアトラクションを選択し，選択したアトラクションへ移動します。各アトラクションには収容人数の上限数があり，上限を超えた場合には，入場者エージェントは待ち行列を作り，順番を待ちます。アトラクションから降りた入場者エージェントは基本的には別のアトラクションに移動しますが，全アトラクションに乗るか満足度のパラメータが一定以上に達すると遊園地から退場（帰宅）します。

また，入場者エージェントは一定の割合で，各アトラクションの混雑状況の情報を保有しており，彼らは通常の入場者エージェントと違い，混雑状況まで考慮した上でアトラクションの選択を行ないます。

実際にシミュレーションモデルを実行して，動作を確認してゆきましょう。付属CD-ROMの「13章」の「遊園地.binary」を開き，実行ボタンを

押してシミュレーションを開始すると図13-1の画像が表示されます。入退場ゲートから出現する青色のエージェントが入場者です。彼らは歩行ルールに従って道の上を歩いてアトラクションに向かいます。この歩行ルールは，セル型空間での移動の派生形ですが，第11章と第12章のシミュレーションモデルで紹介したASPFとはルールがかなり異なっています。

アトラクション上に数値が書かれていますが，この数値はアトラクションの順番を待つ行列の人数を表わしています。

次に，コントロールパネルにある「混雑時間所持率」の値を0から0.5にスライドさせてみてください。赤色のエージェントと青色のエージェントが同じ比率で入退場ゲートから出現し始めたかと思います。赤色のエージェントは，何らかの情報機器（携帯端末や備え付けの専用端末）によって遊園地内の全アトラクションの混雑情報を保有し，混雑具合に応じてアトラクションを選択するエージェントです。実際にシミュレーション画面を確認すると，行列の少ないアトラクションへ向かうのが見て取れます。

13.2 遊園地モデルのメインルール

本シミュレーションモデルのメインルールは，次のとおりです。

(1) 入場者エージェントは各アトラクションの効用値（各アトラクションにどの程度の魅力的に感じているか）とアトラクションまでの距離に基づいて，初めに乗るアトラクションを決定します。
(2) そのアトラクションに向かって歩きだします。
(3) アトラクションに到着すると入場者はアトラクションの待ち行列に参加します。
(4) 自分の順番になると，一定時間（一定ステップ数）アトラクションに収容され，その後アトラクションを退出します。
(5) アトラクションを退出した入場者エージェントは，別のアトラクションへ向かって移動するか，帰宅するかのどちらかを選択します。
(6) 次のアトラクションに乗る場合は，上述と同様の処理を実行します。帰宅を選択した場合は，遊園地の入退場ゲートに向かって移動し，遊園地から退場します。

図13-2　メインルールのフロー図

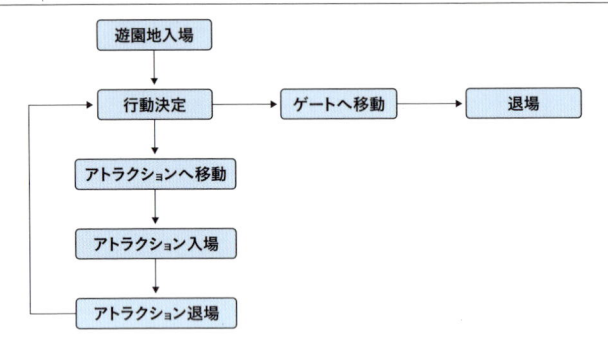

　このメインルールの簡単なフロー図は以下のとおりです (図13-2)。

　本章の以下の節では，このフロー図の各ルールのうち，「効用値による行動決定ルール」と「アトラクション入場・アトラクション退出ルール」のプログラムについて説明していきます。なお，本シミュレーションモデルのアトラクションへの移動についてのルールは，他の入場者エージェントを回避しないなど本書で扱う歩行シミュレーションとは特性が異なりますので，本書では説明を省きます (このルールについては，[0.1] 第8章pp.124–139で詳しく説明していますので，興味のある方はご参照ください)。

13.3　効用値による行動決定ルール

　入場者エージェントはアトラクション退出後に帰宅するか，別のアトラクションに移動するかの決定を行ないます。入場者エージェントは満足度パラメータを持っており，満足度が一定以上の値になるか，全てのアトラクションを巡回した場合に帰宅を選択します。

　別のアトラクションに移動する場合は，次にどのアトラクションに移動するのかを決定する必要があります。アトラクション選択は，「アトラクション効用値」と「現在地とアトラクション間の距離」，「アトラクション混雑状況 (情報受容者のみ)」で算出される総合効用値によって決定されます。ここで，アトラクション効用値は各入場者エージェントが各アトラクションにどの程度の魅力的に感じているかを表わすパラメータであり，値が大きいアトラクション程選ばれやすくなります。アトラクションまでの距離については逆に

大きい程選択されにくくなります。混雑状況も同様に，混雑すればするほどそのアトラクションは選択されにくくなります。
　以下は，この「効用値による行動決定ルール」のプログラム上の記述です。

❖プログラムTips No.13-1：効用値による行動決定ルール

```
Agt_Step{
Dim  i  As Integer
Dim  総合効用値(10) As Double
Dim  maxアトラクションID As Integer
Dim  max総合効用値 As Double

maxアトラクションID =-1
max総合効用値 =  -2147483648          }①

For  i = 0 To Universe.アトラクション数 -1
  If 入場者.情報フラグ == True Then
      入場者.混雑情報(i) = CountAgtSet
(Universe.遊園地.アトラクション(i).待ち行列)
  Else                                              }②
      入場者.混雑情報(i) = 0
  End If

    総合効用値(i) = 入場者.アトラクション効用値(i)
+ 0.05 * 入場者.混雑情報(i)*(-1) +0.003 *
(Abs(入場者.X - Universe.遊園地.
アトラクション(i).X) + Abs(入場者.Y - Universe.
遊園地.アトラクション(i).Y))*(-1)    …③

    If 入場者.未訪問フラグ(i) == True Then
        If max総合効用値 < 総合効用値(i) Then
            max総合効用値 =総合効用値(i)
            maxアトラクションID = i
```

第13章 遊園地のアトラクションの混雑と効果的なアナウンス | 139

```
            End If
        End if
Next i

If maxアトラクションID <> -1 And 入場者.満足度 < 🔲
入場者.帰宅決定満足度 Then
    入場者.目標アトラクション = Universe.遊園地.🔲
アトラクション(maxアトラクションID)
    「目標アトラクションへの移動する」
Else
    「帰宅する」
End If

}
```
④ ⑤ (括弧範囲)

① 初期値として，「maxアトラクションID」に「−1」(アトラクションを選択していない状態)，「max総合効用値」に「−2147483648」(整数型の最低値) を入力しています。

② 入場者エージェントが，混雑情報が分かる情報機器を所有している場合 (「情報フラグ」=='True」) は，各アトラクションの混雑状況を把握し，所有していない場合 (「情報フラグ」==「False」) は，混雑状況を把握していない処理を行なっています。各アトラクションの混雑状況は，CountAgtSet関数を用いて，各アトラクションエージェントのエージェント集合型変数「待ち行列」に格納されている入場者エージェントの数を取得することによって行ないます。CountAgtSet()は，エージェント集合型変数が保持しているエージェントの個数を取得する組み込み関数です。

③ 各アトラクションの「総合効用値」を算出しています。各アトラクションの「アトラクション効用値」が大きく，「混雑情報」と「アトラクションまでの距離」が小さいほど，「総合効用値」が大きくなります。本シミュレーションモデルにおいては，「0.05」と「0.003」という係数値を暫定的に与えていますが，実際には，これら係数値はア

ンケート調査データなどから算出します。Abs()は，絶対値を求める組み込み関数です。

④　未訪問のアトラクションのなかで，もっとも「総合効用値」の高いアトラクションのIDを取得します。例えば，遊園地に入場直後の場合は，まず1つ目のアトラクションの「総合効用値」と「max総合効用値」を比較します。「max総合効用値」の初期値は「−2147483648」に設定してあるので，アトラクションの「総合効用値」が「max総合効用値」より大きいので，1つ目のアトラクションの「総合効用値」が「max総合効用値」に代入され，1つ目のアトラクションが選択されます。次に2つ目のアトラクションの「総合効用値」と「max総合効用値」（ここでは1つ目のアトラクションの総合効用値）を比較し，値が大きい方のアトラクションを選択します。すべてのアトラクションに対して比較を繰り返し，最終的に残ったアトラクションを目標アトラクションとするためにそのIDを取得します。ちなみに，未訪問のアトラクションがない場合（すべてのアトラクションに乗った場合），「maxアトラクションID」には，初期値の「−1」が入ったままです。

⑤　すべてのアトラクションに乗った場合（「maxアトラクションID」==「−1」）か満足度が「帰宅決定満足度」を超えている場合以外ならば，Cで取得した「maxアトラクションID」の値をIDとして所持するアトラクションを「目標アトラクション」として移動します。反対に，すべてのアトラクションに乗った場合もしくは満足度が「帰宅決定満足度」を超えている場合には，遊園地から退場（帰宅）します。

13.4　アトラクション入場・退出ルール

　入場者エージェントが目標アトラクションに到達した際に，そのアトラクションが満員の場合，入場者エージェントはアトラクションにすぐには乗れず，行列を作り，新たに行列に参加した入場者エージェントは行列の最後尾に加わります。アトラクションは一定時間，入場者エージェントを収容した後，収容された入場者エージェントを解放します。解放された入場者エージェントは，上記の行動決定ルールに戻り，次のアトラクションを目指す，または帰宅のどちらかを選択します。収容されていた入場者エージェントが

解放されるとアトラクションに空席ができるので，行列内の入場者エージェントは先頭から順に，満席になるまでアトラクションに収容されます。

以下は，「アトラクション入場・アトラクション退出ルール」のプログラム上の記述です。アトラクションエージェントのルール部に記述します。アトラクション入場とアトラクション退出に分かれています。

❖ プログラムTips No.13-2：アトラクション入場・退出ルール

アトラクションエージェントのルール
```
Agt_Step{
Subアトラクション入場(){
Dim 誰か As Agt
Dim max待ち時間 As Integer
Dim max待ち入場者 As Agt

Do While (My.待ち人数 > 0 AND My.現収容入場者数 
< My.max収容数) …①
max待ち時間 = -1

    For Each 誰か In My.待ち行列
        If 誰か.待ち時間 > max待ち時間 Then
            max待ち時間 = 誰か.待ち時間
            max待ち入場者 = 誰か
        End If
    Next 誰か

    AddAgt(My.現収容入場者,max待ち入場者) …③
    RemoveAgt(My.待ち行列,max待ち入場者) …④
    My.待ち人数 = CountAgtset(My.待ち行列)
    My.現収容入場者数 = CountAgtset(My.現収容入場者数)
    max待ち入場者.滞在時間 = 0
    max待ち入場者.未訪問フラグ(My.ID) = False …⑥
Loop
```
(②はFor Each〜Next 誰かのブロック、⑤はMy.待ち人数とMy.現収容入場者数の2行)

}

```
Sub アトラクション退出(){
Dim 誰か1 As Agt
Dim 誰か2 As Agt
Dim 退出者 As AgtSet

For Each 誰か1 In My.現収容入場者
  If 誰か1.滞在時間 > My.平均拘束時間 Then
     AddAgt(退出者,誰か1)   …⑦

  End If
Next 誰か

For Each 誰か2 In 退出者

  RemoveAgt(My.現収容入場者,誰か2)
  「行動決定ルールに戻ります」
Next 誰か
}
}
```

⑧ は RemoveAgt と「行動決定ルールに戻ります」をまとめて示す。

① アトラクションに待ち行列ができており，なおかつ，アトラクションに空席がある場合，以下の処理を実行します。「My.待ち人数>0」は該当アトラクションに待ち行列ができているか否かを判定しています。「My.max収容人数」は該当アトラクションの最大収容人数，「My.現収容入場者数」は現在アトラクションに収容されている入場者エージェントの数です。つまり「My.現在収容者入場数<My.max収容数」はアトラクションに空席があるかどうかを判定しています。

② 行列内で最も待ち時間が長い，つまり行列の先頭にいる入場者エージェントを「max待ち入場者」として選び出しています。

③ 「max待ち入場者」をエージェント集合型変数「My.現収容入場者」

第13章 遊園地のアトラクションの混雑と効果的なアナウンス | 143

図13-3 AddAgt()とRemoveAgt()の概念図

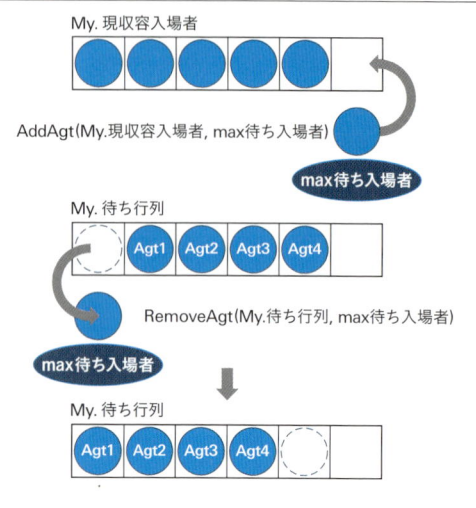

に加えています（図13-3）。AddAgt関数によって追加された入場者エージェントは最後尾に格納されます。AddAgt()は，エージェント集合型変数にエージェントを追加する組み込み関数です。

④ ③において，行列の先頭にいた入場者エージェントがアトラクションに入場したため，行列から取り除いています（図13-3）。RemoveAgt()は，エージェント集合型変数から指定エージェントを削除する組み込み関数です。

⑤ 行列から抜けた入場者エージェントがいるため，人数を再カウントしています。CountAgtSet()は，エージェント集合型変数が保持しているエージェントの個数を取得する組み込み関数です。なお，以下のように記述しても同様の結果が得られます。

My.待ち人数 = My.待ち人数−1

My.現収容入場者数 = My.現収容入場者数+1

⑥ 一度訪れたアトラクションに再度乗らないように，「max待ち入場者」の「未訪問フラグ」をFalseに変更しています。

⑦ アトラクションに収容されている入場者エージェントを格納したエージェント集合型変数「My.現収容入場者」のなかから，滞在時間が平均拘束時間を超えた入場者エージェントを「退出者」に格納して

⑧ My.現収容入場者から退出者を取り除いています。アトラクションを退出した入場者エージェントが次の行動を決定するための関数を呼び出します。

13.5　混雑制御のための効果的なアナウンスとは

　アトラクションに効率的に乗ってもらうにはどうすればよいのでしょうか。
　混雑情報を持つ入場者エージェントの割合と各アトラクションの行列数推移の関係を見てみましょう。最初にコントロールパネルの混雑情報所持率を0%に設定して実行してください。この条件で実行すると，大多数の入場者が遊園地内の左下にあるアトラクションへ向かうことが見て取れます。この遊園地では左下にあるアトラクションが人気のアトラクションのようです。ここでコントロールパネルの混雑情報所持率を40%に上昇させてみます。これは設定後の生成される入場者エージェントのうち，4割が各アトラクションの混雑率情報を所持することを意味します。混雑率情報を持つエージェントは各アトラクションの混雑状況（待ち行列数）を確認して，空いているアトラクションへ移動します。結果として，混雑していたアトラクションに並ぶ入場者エージェントの数が減少するため，全体の待ち時間が減少します。
　次に，混雑情報の所持率を一気に100%まで上昇させ，入場者エージェント全員が全アトラクションの混雑状況を認知している状況を作ってみましょう。シミュレーションを実行すると開始直後は人気のアトラクションに多数の入場者エージェントが向かいます。しばらく経って，このアトラクションに待ち行列が発生すると，混雑情報を所持する入場者エージェントは別のアトラクションに向かいます。このとき混雑率情報の所持率が40%の時は入場者のうち4割のエージェントが目的のアトラクションを変更しますが，情報所持率が100%の場合，全入場者エージェントが他のアトラクションへ移動します。その結果，今度は入場者エージェントが今まで空いていたアトラクションに過集中して待ち行列が発生します。このため，先ほどと同じように混雑率情報を持つ入場者エージェントはまた別のアトラクションに一斉に向かいはじめます。このようにして混雑情報所持率を100%にした場合，多数のエージェントが空いているアトラクションに一斉に向かうため，混雑アト

図13-4 混雑率所持率0%(上), 40%(中), 100%(下)の
各アトラクションの行列数の時系列グラフ

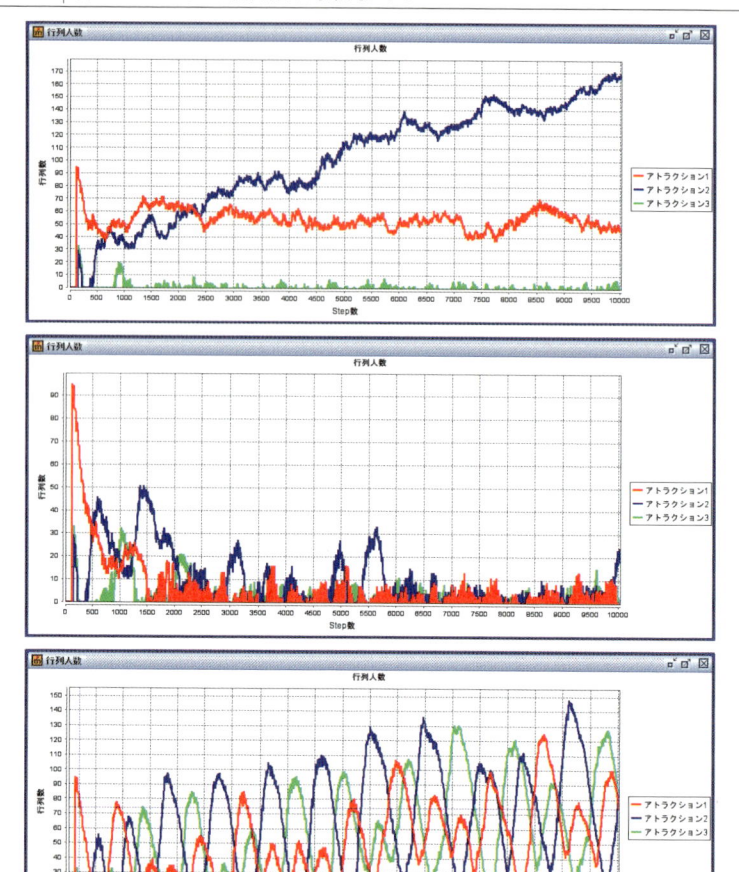

ラクションが次々に変わっていき，常にどこかのアトラクションに行列ができるという現象が起きます。図13-4は混雑率所持率0%，40%，100%それぞれに対する各アトラクションの行列数の時系列グラフです。この結果は，必ずしも，多くの入場者に情報を与えることが，混雑解消につながるとは限らないことを示唆しています。混雑率所持率は0%から100%まで10%刻みで変更できるので最適な混雑率を見つけてみてください。

(新保直樹)

column 1　エスカレーターの不思議

　駅のホームで，エスカレーターの片側は空いているのにも関わらず，もう片側の行列が長くなってホームにあふれている光景をよく見ます．不思議な現象です．個人の立場で考えた場合は，当然，列に並ばずに空いているもう片側に立てば，列に並ばない分だけ早く目的地に着きます．また集団全体として考えた場合でも，左右に分散して立つ方が，目的地到達までの集団全体の時間は短くて済みます．この現象はどうやって創発されているのでしょうか．時間の観点からだけ見れば，個人も集団全体も最適とならないので，ゲーム理論で説明することが難しいですが，他人に迷惑をかけることに対する自分自身の心身へのリスクなどを考えれば，説明できそうですね．また，行列の人のすべてが損得を考えて行動しているわけでもなさそうなので，ゲーム理論以外にも集団心理における同調行動とも関係ありそうです．

　上記のように，実際，人間の行動のなかには，一見不合理に見える行動が数多くあります．これら行動は，その仕組みが解明されていないことが多いので，歩行シミュレーションモデルに取り入れることは難しい部分です．しかしながら，今後，より現実に即したシミュレーションモデルを作る場合には，必要な部分です．読者のみなさんも，ぜひ挑戦してみてください．

　ただ，エスカレーターに乗ったときの立ち位置が東京と大阪では，逆になっていること（東京では左側に立ち右側を空けておくのに対して，大阪では右側に立ち左側を空けています）は，さらに説明が難しい現象です．それこそ文化の創発現象なのかも知れません．

（坂平）

第IV部 歩行者エージェントモデルが拓く研究領域

第14章 連続空間上における歩行者動力学モデル

14.1 Helbingらによる歩行者動力学モデル

　この章では，連続空間上における歩行者の運動を示す微分方程式として知られる，複雑系科学者のHelbingらによる歩行者動力学モデル (pedestrian dynamics model) について解説する．このモデルは，「二次元・粒子アナロジー」における1990年代からの群集流についての連続空間上の数理モデリングの一連の研究を集成したものであり，2000年に『ネイチャー』誌などに発表され，理論研究者たちの注目を集めることになった [14.1][14.2]．

　まず，歩行者動力学モデルを説明する．このモデルは，歩行者iの質量，速度をそれぞれ，m_i, v_iとして，時刻tにおける運動方程式として下式で表わされる．他者と自分の身体が接触しない「平常状況」では式上部を，「避難パニック状況」において接触し体積力が加わる場合は式下部を用いる．

$$m_i \frac{dv_i}{dt} = \begin{cases} m_i \dfrac{v_i^0(t)e_i^0(t) - v_i^0(t)}{\tau_i} + \sum_{j(\neq i)}\left[f_{ij}^{soc}(t) + f_{ij}^{att}(t)\right] + \sum_b f_{ib}(t) + \xi_i(t) & \text{（平常状況）} \\ m_i \dfrac{v_i^0(t)e_i^0(t) - v_i^0(t)}{\tau_i} + \sum_{j(\neq i)} f_{ij}^{ph}(t) + f_{ij}^{att}(t) + \sum_b f_{ib}(t) + \xi_i(t) & \text{（避難パニック状況）} \end{cases}$$

14.2 平常状況のモデル

　平常状況の式は，$m_i v_i^0(t) e_i^0(t) \tau_i^{-1}$, $-m_i v_i(t) \tau_i^{-1}$, $\sum_{j(\neq i)} f_{ij}^{soc}(t)$, $\sum_{j(\neq i)} f_{ij}^{att}(t)$, $\sum_b f_{ib}(t)$, $\xi_i(t)$と6つの項に分解できる．第1項は歩行者駆動力で，希望巡航速度$v_i^0(t)$と目的方向を表わす正規化ベクトル$e_i^0(t)$との積で表わされる．第2項は時刻における速度ベクトルを表わしており，第1項に対する摩擦力として解釈できる．第1項と第2項の和は，現在の歩行者を目的方向と希望速度に漸近させる力として作用する．

第3項は社会作用力 (social force) であり，減速回避を行ない，他者との距離を維持しようとする反発力である。歩行者jから歩行者iへの（正規化）方向ベクトルをn_{ij}，相互作用力を決める定数A_i，距離減衰を規定する定数B_i，歩行者iとjの中心間の距離$d_{ij}(t)$，歩行者iとjの身体中心からの厚みの和をr_{ij}として，$A_i \exp[(r_{ij}-d_{ij})B^{-1}(t)]n_{ij}(\lambda_i+(1-\lambda_i)(1+\cos(\phi_{ij}))/2)$ で表わされる。
$(1+\cos(\phi_{ij}))/2$はカージオイド型の感度係数であり，パラメータλ_iは歩行者の進行方向以外の方向に位置する他者との社会作用力の比率を与える。
　第4項は集団凝集力であり，C_iを比例定数として$-C_{ij}n_{ij}(t)$表わされ，小集団がまとまる力として作用する。
　第5項は障害物回避力であり，この項は歩行者が障害物に必要以上に接近することを妨げる働きをする。第6項は個人に固有な方向ベクトルであり，擾乱項$\xi_i(t)$として作用する。

　歩行者動力学モデルの特徴は，社会作用力にあるとされ，そのため，このモデルは社会作用力モデルと称されることもある。
　添付CDにおける"PeDy.model"を実行してみよう。左側三人のエージェントは右向きに，右側三人のエージェントは左向きに歩くこととする。また，左側の1番と2番のエージェントは「小集団」を構成し，互いに集団凝集力を持つこととする。時間刻み (time slice) は1/10（秒/ステップ）である。エージェントたちが互いに微妙な影響を受けながら移動する様子を観察して欲しい。パラメータを変えると挙動がどのように変化するかを検討するのも面白いと思う。

14.3　避難パニック状況のモデル

　避難パニック状況で歩行者どうしが接触する場合，モデルは下部式で表わされる。平常状況の式における第4項の集団凝集力は微少なため無視でき，社会作用力を表す第3項が物理的な相互作用力$\sum_{j(\neq i)} f_{ij}^{ph}(t)$に置き換わる。この項は，$\Theta(z)$を他者との接触時に限って作用する関数（$z$が正値のときに1，それ以外は0）とし，$t_{ij}$を$n_{ij}$に直交する正規化ベクトルとして，
　　$k\Theta(r_{ij}-d_{ij})n_{ij}+\kappa\Theta(r_{ij}-d_{ij})\Delta v^t_{ji}t_{ij}$で表わされる。$k$および$\kappa$を比例定数と

表14-1 避難パニック状況で生じる現象の歩行者動力学モデル研究による説明（[14.4][14.5]より）

避難パニック状況で生じる現象	歩行者動力学モデルによる説明
(1) 層流秩序の崩壊 ("freezing by heating")	平常状況式の第6項「擾乱項」の分散の大きさに応じて、流れの秩序パタンが「相転移」を起こす。
(2) 致傷圧力の形成 (Build up of fatal pressures)	アーチに静定構造を仮定せず、崩壊時における動的解析からの知見。
(3) ボトルネック部での閉塞効果 (Clogging effects at bottlenecks)	避難効率上最適な速度を超える速度を誰もが希望すると、アーチ状の閉塞が生じ、避難効率が低下する。
(4) 一方通行路での「路幅拡大部」がもたらす渋滞 (Jamming at widenings)	「路幅拡大部」に入る群集の速度が落ちる上、出る際にボトルネックが生じる。
(5) 性急さがもたらす避難効率の低下 ("Faster-is-slower effect")	ボトルネック部において危機が迫ると、時間とともに全員の希望速度が大きくなり、(3)が生じる。
(6) 立止まり者や引返し者がもたらす「幽霊パニック」("Phantom panics")	周囲の進行方向、希望速度に同調する「追従者」の比率が大きい場合、少数の立止まり者や引返し者に同調して、滞留が生じる。
(7) 一つの非常口にのみ群集が殺到 (Ignorance of available exits due to herding)	「追従者」の比率が大きい場合、自ら非常口を発見する者が少ない。

して、$k(r_{ij}-d_{ij})n_{ij}$ は二者の芯間を結ぶ方向に対する反発力、$\kappa(r_{ij}-d_{ij})\Delta v^t_{ji} t_{ij}$ はその接線方向に対する摩擦力を表わしている。

また、第5項における f_{ib} もまた、物理的接触を考慮した同様な式に切り替わる。

避難パニック状況のモデルとして、群集事故の典型例であるアーチング現象のシミュレーションを行なう（添付CD, "Archi.binary"）[*1]。ここでは、アーチの崩壊プロセスを示す。崩壊時の極めて短時間に起きる力の変化を調べるため、時間刻みを1/100 (s/step)とし、各パラメータも別途与えた。41人のエージェントが8.4m四方の部屋から0.8m幅の出口を通り避難する状況を設けた。崩壊のプロセスを視覚的に観察するとともに、そのアーチ端部のエージェントに対して各ステップに作用する力も計測した。その結果、アーチ崩壊時における端部のエージェントには、瞬間的に英国のフットボール場事故から推定された、幅1m当たり4,500Nを超える値がかかることが観察されている。

避難計画基準（第8章第3節）におけるアーチング現象のモデルは静定構造力学を用いたものであったが、歩行者動力学モデルはアーチング現象に伴い人体が受ける力の動的解析を可能にするものである。

Helbingは避難パニック状況を性急で利己的な行動と特徴づけ、歩行者動

力学モデル研究の知見から避難パニック状況で生じ得る現象のいくつかを説明している（表14.1）。

14.4 歩行者動力学モデルの意義

　Helbingらの歩行者動力学モデルの長所と短所をここで整理しておく。

　まず第一の長所として，このモデルはセルを用いないため，空間上の離散近似の束縛を逃れ，歩行者のじつに微細なミクロ動因を扱うことができる点を挙げたい。理論研究と実用研究の両面で展開可能性を拓いた，避難パニック状況におけるモデル分析の知見もまた，この長所に拠るところが大きい。また，もう1つの長所として，モデル全体が力学の次元を用いて統一的に表記されているため，アーチ崩壊時などの事故状況において人体にかかる物理的な作用力の計算が可能な点を挙げる。

　一方，このモデルには短所もある。まず，微分式はプログラム上では差分式としてしか扱えないため，差分近似（時間上の離散近似）の影響を免れられない。歩行者の行動を扱うには，時間刻みを十分小さく採る必要があり，そのため，多人数長時間のシミュレーションには不向きである。また，多くのパラメータを持つため，その調整——とくに時間刻みを変更した際には——じつに難しい。

　このモデルでは，相互干渉処理方式として暗黙裡にPUNを想定している。行動表現に適した時間刻みの設定には，コンフリクト処理方式もまた考慮する必要があるだろう。

　例を挙げる。[14.3]では，平常状況における集団歩行が集団全体の歩行速度や個人間距離に及ぼす影響を調べるため，シミュレーションを行なっている。自由歩行速度v_i^1は正規分布に従うため，これを用いて巡航速度v_i^0を別個に与えたのち，長さ40m通路に対して，単独歩行速度(N=84)を計測，2人集団(N=94)と3人集団(N=104)の歩行速度と個人間距離を計測した。

　その結果，2人集団に比べ3人集団の個人間平均距離は大きく，Willsの実測結果[6.6]と同じ傾向を示した。しかしながら，平均速度は集団規模に応じて増加し，Willsらの計測値と逆の傾向を示した。このシミュレーション実験では，1/3（秒/ステップ）の時間刻みを用いたが，RSU方式では逐次処理を行なうため，後続者が先導者に接近した場合，先導者が社会作用力により

前方に押し出される作用が，規模に対して正に働いたためと考えられる。

（稲垣靖宏・兼田敏之）

註
★1 ── 稲垣靖宏：第9回MASコンペティション参加作品［14.3］

第15章 回遊行動のエージェントモデリング

15.1 回遊行動とは

欧州に続きわが国でも顕在化した中心市街地空洞化の問題の対策として，まちの回遊性の向上がよく挙げられるようになった。そのため，ひとびとの店舗（施設）間の渡り歩きである回遊行動のモデル研究が盛んになりつつある。

この章では，商業集積地区来訪者の回遊行動モデル研究の経緯を簡潔に解説したのち，既存モデルでは扱えなかった回遊行動特性の指摘を踏まえて，歩行者回遊行動のエージェントモデリングについての研究を解説する。エージェントモデリングの際に避けて通れない，合理性モデルならびに限定合理性モデルの二種類のアプローチ（ルールベースと合理性仮定緩和）の考え方や研究事例にも言及したい[*1]。

15.2 行動選択モデルとマルコフ型回遊行動モデル

施設来訪の行動選択モデルとしては，以前から空間相互作用モデル (spatial interaction model) が知られている。例えば，ハフモデル (Huff model) とは，候補店舗 $j(\in J)$ の規模を A_j，j までの距離を T_j としたとき，j の選択確率 P_j を $A_j^\alpha T_j^{-\beta}/\Sigma_J A_j^\alpha T_j^{-\beta}$ で与え，引力型ロジットモデル (logit model) とは，j のランダム効用関数の固定項を V_j として $\exp(V_j) A_j^\alpha \cdot \exp(-\beta T_j)$ と置き，P_j を $\exp(V_j)/\Sigma_J \exp(V_j)$ で与えるものである（α, β はともに非負値）[*2]。パラメータは調査データから推定するが，もともと単一用事・単一立寄りを想定した行動選択モデルである。

これに対して，回遊行動モデル ('shop-around' behavior model) とは，多用事・多立寄り (MPMS: Multi-Purpose Multi-Stop) を特徴とする行動選択モデルの一種である。1980年代以降提案された回遊行動モデルは，この空間相互作用モデルと推移確率行列の2つの構成要素からなる。回遊行動調査データ

で得たトリップ連鎖 (trip chain) をOD行列 (Origin-Destination matrix) に集計，これより求めた推移確率行列を用いる点に特徴があった．

　理論モデルでは，この行列を基本的に不変と仮定し，再開発施設立地などで行列に変更が加えられる場合，産業連関分析の波及効果と同様に逆行列を用いてその効果を算出する．ODベースのこの行列の各行の値は選択確率を意味するので，空間相互作用モデルにより説明されるとして，予めそのパラメータを推定しておく．施設立地の際にはこれを用いて行列を変更する．推移確率行列は必ずしもODベースでなくてもよく，実用指向のシミュレーションモデルにはさまざまな変種があるが，この行列を持つ点にモデルの特徴がある．第13章で用いた次店舗選択もこの推移確率行列を用いている．

　この種のモデルは，その時点の選択が前の選択履歴に依存しない，という意味で「マルコフ性 (Markov property)」を有するため，マルコフ型回遊行動モデルと呼ばれる（解説として[15.2]）．また，個々人の行動シミュレーションは可能であるが，すべての確率はもともと比率から読み換えられたものなので，人数を算出する集計量モデルでもある．

　例として筆者らの集計量モデル[15.3]を説明する（図15-1）．名古屋市大須地区は，10以上の商店街からなり，男性向きのパソコン店，女性向きの衣料品店など，さまざまな客層がさまざまな店種に集まる商業集積地区である．このモデルでは，まず，商圏域を17地区に区分し，各地区の買物目的（店種：7店種）別の人口，地区間時間距離よりハフモデルを用いて，目的店種別の大須地区来訪者数を求める（ステップ1）．モデルでは，大須地区内を34ゾーンに区分し，第一立寄りゾーンについては，データより得た比率に応じて人数が按分される．次の立寄り店種については，属性別（6属性）に求めた店種間推移確率行列を用いてゾーン別・属性別に求め，（ステップ2），属性別に推定した地区内ハフモデルを用いて，立寄りゾーンの人数を求める（ステップ3）．帰宅行動があるため店種間推移確率行列の行和は1未満なので，ステップ2，3を十分な回数繰り返すことにより，属性別・店種別・ゾーン別に立ち寄り者数を算出することができる．

　1990年代までに成立したロジット＝ポアソン結合モデル (LLPM: Linked Logit and Poisson Model) は，マルコフ型の個人行動シミュレーションモデルである．個人の来訪頻度などをポアソン分布すると仮定するとともに，空間相互作用モデルを中心にロジットモデルを用いるもので，データフィッティング

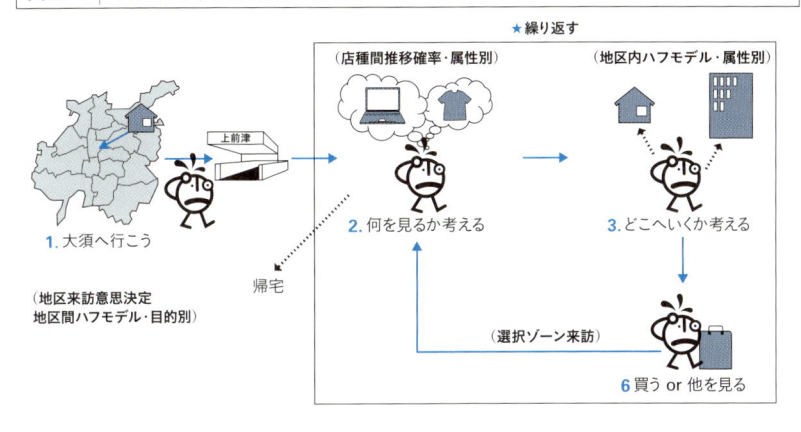

図15-1 マルコフ型回遊行動モデルの例

手法が確立しており，適用事例も多い。

ただし，個人行動シミュレーションモデルとしてみると，トリップ連鎖におけるシークエンスを捨象する点など理論面の弱点があり，それゆえエリア・マネジメントなどに有効な実用知見にも限界が生じ得る。そのため2000年前後より，回遊行動モデル研究では，非マルコフ型のエージェントモデルが登場することになった。

15.3 回遊行動のエージェントモデリング

15.3.1 二種類の限定合理性モデル

話しは前後するが，ロジットモデルはランダム効用を近似的に推定したものと解釈できるため，LLPMは合理性モデルと呼ばれている。これに対するエージェントモデルは，限定合理性モデルと言えるが，この形式には少なくとも2つある。1つは，ヒューリスティック・ルール（heuristic rule）を用いるルールベース・アプローチ（rule-base approach）である。これは，サイモンが呼んだ「手続き的合理性」を表現したものと解釈でき，認知科学研究では以前から本章で言う回遊行動の説明例が知られ，知識工学におけるプロダクションシステムを端緒とした実装技術もあり，研究も進展している。もう1つは，満足化や制約充足原理等を導入することにより合理性の持つ全知全能の仮定を緩める合理性仮定緩和アプローチ（assumption-relaxation approach）で

ある．このアプローチは，同じくサイモンの「満足化原理」やその周辺を整理した数理モデル研究 [15.4] などにより基礎づけされる．

15.3.2 回遊行動エージェントモデリングの特徴

回遊行動のエージェントモデリングにおいて特徴となるのは，第一に時間予算制約下での店舗立寄りの割付け，すなわちスケジューリングの扱いである．スケジューリング機能の導入は，それ自体がマルコフ型モデルのアンチテーゼであるが，時間的制約を強調するものであり，また，計画行動という知的機能の実装を意味する．第二に，再スケジューリングも含めて，エージェント内部の動的更新の扱いについてであり，これもまた適応や学習といった知的機能に関連する．第三に，データフィッティング方法についてである．この三者を同時に考慮することは容易ではなく，一種のトリレンマとも言える（詳しくは [15.1] を参照のこと）．

15.4 回遊行動のエージェントモデリングの研究事例

回遊行動のエージェントモデリングの事例として，ここでは，筆者らが ASSA（Agent Simulation of Shop Around behavior）と称して進めている研究を紹介したい [15.5]．筆者の研究室では，名古屋都心の各地区を対象として，すでに大小13回にわたって回遊行動調査を行なっている（例えば [15.6] [15.7]）．調査では，立寄り店舗や歩行経路などのほか，その店舗立寄りが「予定」されていたか否かを尋ねる．冗長性解析 [15.6] が示すところによれば，地区内の回遊行動は，必ずしも順路や経路長さが最適化されていない．

これらを踏まえて筆者らは，回遊行動を計画行動と即応行動の2つに分解，さらに即応行動を代替行動，随時行動，即応歩行の合計4つのレイヤーに分解して考えることにした（表15-1）．とくに計画行動とは，スケジュールに沿った行動であり，即応行動のうち代替行動とは，予定していた用事が達成されない際に試みる代替店舗立寄りの行動である．この概念は，マルコフ型回遊行動モデルでは弁別されていなかったものである．

図15-2に例を挙げて詳しく説明する．少年は，本を買うことと正午に予約した歯医者に行くことの二つの用事を持って自宅を発つ．当初のスケジュールは，近くの本屋で本を買った後，歯医者に行く計画であった．1軒

表15-1 地区内回遊行動のレイヤー分解

行動の分類		意味	行動の動機
計画行動		地区来訪前に計画された行動	スケジュールで与えられる
即応行動	代替行動	用事失敗時の代替店舗の立寄り行動	予定した用事の達成
	随時行動	上述以外の思いつきの店舗立寄り行動	通り(店舗)の選好・探索
	即応歩行	上述以外の思いつきの経路選択	経路(通り)の選好・探索

図15-2 地区内回遊行動におけるレイヤーの説明例

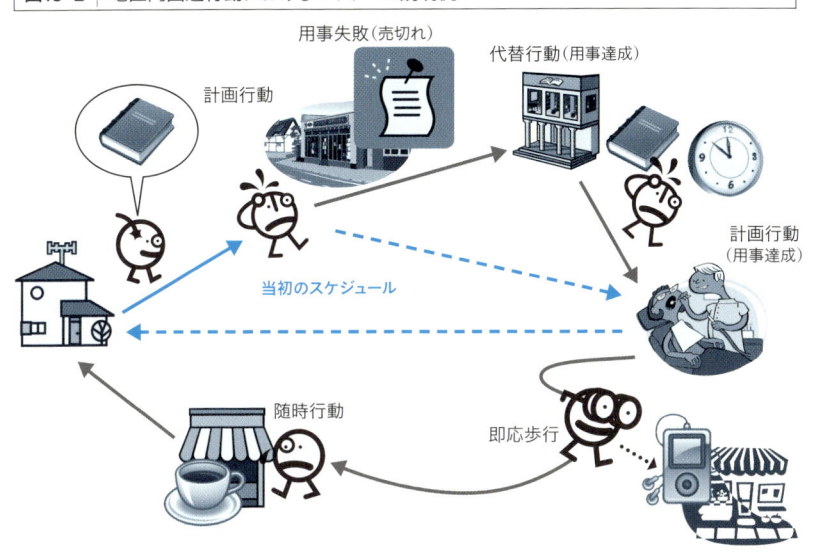

目の本屋を訪れる(計画行動)と，彼は本が売切れているのを知る(用事失敗)。次の時刻制約や替りの本屋との距離を考えて，彼は2軒目の本屋に行くことにする(代替行動)。彼はそこで本を買うことができた(用事達成)が，歯医者の予約時刻が迫っているので，歯医者に急ぐ(計画行動)。治療が予想より早く終わり(用事達成)，自宅に直行するはずであった彼は，まわりみち(即応歩行)をしてウインドウ・ショッピングを楽しんだ後，喫茶店でお茶を飲み(随時行動)，帰宅した。この例では，当初のスケジュールに冗長性が加わったものの立寄り順序といった基礎構造に変更はない。もし1軒目の本屋で本の売切れを知った時，2軒目に立寄る時間の余裕がなかったならば，彼は歯医者行きを優先して，その後，本を買いに行ったであろう。この場合，彼は再スケジューリングを行なっていることになる。

図15-3 ASSAの基本構造

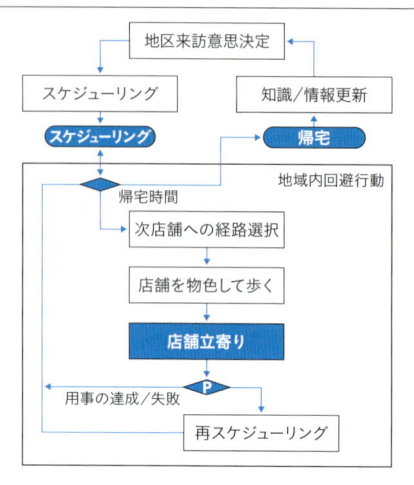

[図：ASSAの基本構造フロー図。地区来訪意思決定→スケジューリング／知識・情報更新→スケジューリング／帰宅→地域内回遊行動（帰宅時間、次店舗への経路選択、店舗を物色して歩く、店舗立寄り、用事の達成／失敗、再スケジューリング）]

　ASSAの基本構造を図15-3に示す．ASSAver.1は，計画行動と代替行動（用事達成／失敗を用事別に固定確率として表現）を扱い，用事失敗時には再スケジューリングする機能を持つものとしてJAVAで開発された．現在，既存モデルを参考にしながら随時行動や即応歩行を取り込んだASSAver.2の開発が進行している．ASSAでは，合理性仮定である全知全能の条件を緩和して，限定合理性を表現する．例えば，スケジューリング・モジュールは，計算量制約を想定したため，最適化問題ではなく，制約充足ないし効用満足化問題として定式化されている．

　ASSAの構想では，エージェント内部の動的更新についても検討している．更新サイクルの短い順に並べると，(1) 再スケジューリング（1回の地区来訪で0回から数回，ver1より実装），(2) 店舗効用の強化学習（地区来訪後に毎回，ver1より試行実装），(3) メンタルマップの更新（地区来訪後に毎回，現版では既知を仮定），(4) 来訪頻度とタイムバジェットの更新（地区来訪数回ごとに一回，現版では固定）である．さらには，エージェントの個性としての意思決定原理（とくにリスク・不確実性に対する態度）の実装が考えられる．

15.5　回遊行動エージェントモデリングの課題

　ASSA開発の目下の課題は，まず，データフィッティングにある．大規模

な実用モデルでは常につきまとうことであるが，モデルの構造同定とパラメータ同定の双方とも調査データのみではとうてい支えきれないため，部分的なテスト・実験や常識的に許容できる仮説を導入したパッチワーク・フィッティングで対応せざるを得ない。また，パフォーマンス評価についても同様である。冗長性指標［15.6］のほかにも，非マルコフ型モデルならではの，多側面を扱うパフォーマンス評価指標の開発が目下の研究課題になっている。

　実用面から考えると，回遊行動エージェントモデルは，歩行者流エージェントモデルやマーケティング科学，とくに消費者行動の情報処理アプローチなどとも接続可能性を有しており，距離概念は若干異なるものの，ネットサーフィン行動などへの適用も視程に入り得る。理論面から考えると，本章で言及した前述の課題は，回遊行動のみならず他の人間行動のエージェントモデリングにも通底する内容を提起している。また，盛り場の盛衰を示す都市の魅力動学系のモデリングという研究テーマに繋がるものとも考えている。

（兼田敏之・吉田琢美）

註

★1——本章は，［15.1］を転載・一部抜粋したものである。
★2——ともに規模の（広義）増加関数，距離の減少関数であることに注意。

第16章 歩行者シミュレーションモデル構築のための計測技術

16.1 歩行者シミュレーションモデル構築に必要なもの

　本章では，歩行者シミュレーションモデルを動かすために必要なルール・設定に利用できる計測技術について紹介する。

　第Ⅲ部では，artisocで空間を人が動き回る様子を表現するためのルールを紹介した。壁や柱，他者を避けながら進むモデルを作るにはどうすればよいのか，人はどういうことを考えて歩いているのか。つまり，「こういう状態ではこういうことを考えて行動する」というルールを付け加えていくことで，より精緻なモデルとなることを示した。しかし，これらは人が頭で考えている「意思決定部分」に過ぎない。

　実際のシミュレーションモデルを動かすためには，どういう空間を対象にするのか（例えば，学校の教室なのか，劇場・コンサートホールの客席部分なのか）や，どのくらいの人数の人々が歩き回るのか（例えば100人なのか1000人なのか），あるいは時間の経過とともに空間に出入りする人数を調整するなどのパラメータ（設定値）なども決める必要がある。

　本章では，それら歩行者シミュレーションモデルのルールやパラメータを決める際に利用できる計測技術と，現実に即した歩行者シミュレーションモデルを構築する手順の一部を紹介する。適切なルールと適切なパラメータの組合せによって，より現実的なシミュレーション結果を得ることが可能となる。

16.2 計測技術

　人数を計る方法としては，ボタンを指で押す数取器（カウンター）を使って計る方法や，駅の改札口や遊園地で用いられている自動改札機を使って計る方法がよく知られている。前者は計測員が必要となる一方，後者は計測員が不要で常時自動的に通過人数を集計することが可能である。自動計測の方法

図16-1 Vitracom SiteViewの人数計測の画面

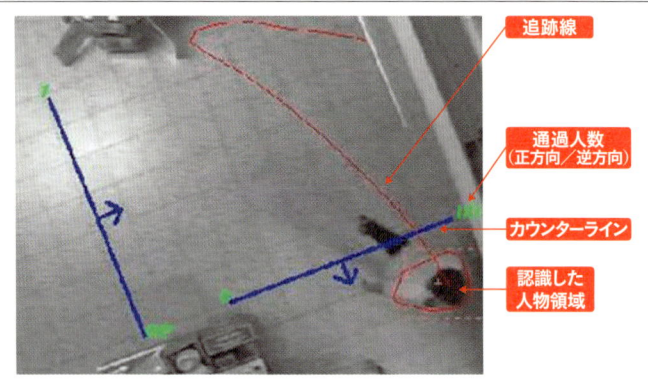

計測地点にカウンターラインを設定し，カウンターラインを横断する移動体数を計測する

としては他にも，店舗の出入口に設置されることが多い万引き防止用の防犯ゲートや自動ドアの開閉に連携させた機器による計測など，電波や磁気のセンサーを用いた方法もある。しかし，いずれもゲートや扉などの特定の場所を通過した人数を計ることができる装置であり，人々が自由に行き来している様子を計ることには不向きである。

　特定の場所の通行量に限らず人々が自由に行き来する様子を捉える方法としては，電波信号を使った方法がある。具体的には，GPS衛星からの信号，携帯電話やPHSの基地局から受信した電波の強さ，RFID（Radio Frequency Identification）タグの認識，無線LANの電波の強さを使って場所を特定する方式などがあり，特定できた場所を記録してゆくことによって，人々の動きを捉えることができる。GPSを使った方式では衛星の電波が届く屋外に限られること，RFIDや無線LANでは，対象とする空間に位置を特定するための機器を張り巡らせる必要があることなど，位置を特定できるエリアや特定された位置の精度を知った上で利用しなければならない。特に，これら電波信号を用いた方式では計測対象者に電波の受信機もしくは発信機を持たせる必要があるため，不特定多数の人々を対象とした計測ができない点には留意すべきである。

　計測対象者に特別な機器を持たせることなく人々の動きを捉える技術として，近年，カメラによるビデオ映像から移動体を解析する技術が発展してきている。そのなかでも，筆者らは，ドイツのVitracom社で開発された動画

図16-2 Vitracom SiteViewの人数計測結果の一例

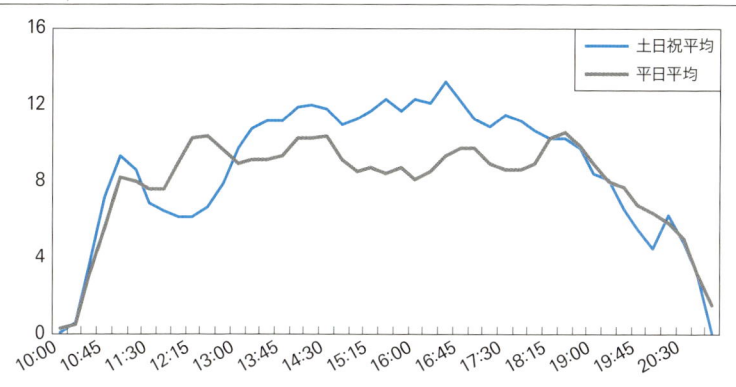

表16-1 各計測ツールの長所と短所

ツール \ 特徴	滞在人数	滞在時間	個別追跡	適用場所	必要装置	移動体負荷	常時計測	運用コスト	記録	監視
回転式の改札	○	×	×	通路	ゲート	低	○	低	集計	○
赤外線ゲート	△ 重なり不可	×	×	通路	ゲート	低	○	低	集計	○
無線LAN	○	○	○	屋内	送信機、受信機	高	×	高	ID、座標	×
RFID（ICタグ）	○	○	○	屋内	送信機、受信機	高	×	高	ID、座標	×
GPS	○	○	○	屋内	送信機、受信機	高	×	高	ID、座標	×
Vitracom SiteView	○	○	△ 画面内	屋内	カメラ	低	○	低	集計、画像	◎

像分析・計測システム「SiteView」を用いている。このVitracom SiteViewは高度に最適化された独自の移動体認識アルゴリズムにより，同時に4つのビデオ映像をリアルタイムに解析し，従来のシステムより精度の高い結果を出力することができるようになっている（図16-1, 図16-2）。また，自動改札機や防犯ゲートのような大掛かりな機器もGPS方式やRFID方式のような電波の発信・受信の装置も不要で，PCとカメラがあれば，ビデオ映像から移動体を計測することが可能である。店舗出入口の自動扉付近の映像があれば入退店の人数を計測でき，店舗全体を捉えた映像があれば人々が買い物をする様子を分析することもできる。ただし，ビデオ映像を利用する以上，柱や

陳列棚の陰に隠れてしまった場合や他の人物と重なってしまった場合は計測が途切れてしまう。したがって，映像による死角が発生したり人々が重なったりしないような位置へのカメラ設置が必要である。なお，計測が途切れた場合でも，途切れた前後の距離や移動方向，時間などの情報を解析することにより，ある程度の補完・修正を行なう技術が進められている。

以上のような各計測ツールの長所と短所をまとめたものを表16-1に示す。

16.3　利用者数データの活用

本章の最初で述べたとおり，空間を人が動き回る様子をシミュレートする場合，全体人数をどのように決めるかが問題となる。シミュレーションを行なう対象によって，公開されている駅の乗降者数やレシート発行枚数などの既存のデータを利用できることもあれば，新たな人数計測が必要な場合もあるだろう。新たな人数計測が必要な場合は，前節で述べたような計測機器の特徴をよく知った上で，必要な精度のデータを収集できるのか，コストに見合うデータを収集できるのか，計測方法についてよく検討する必要がある。また，次節で述べるエリア間の行き来を利用するモデルの場合は，人々の自由な移動を妨げることがないよう，人々の自由な移動を電波信号やビデオ映像を用いた方法を使って計測することが望ましい。このとき，同じ状態での全体人数も把握できるよう，出入口付近の計測も行なっておくとよい。

16.4　エリア間移動データの活用

全体空間をいくつかのエリア（部分空間）に区切っておき，そのエリア間の行き来を計測しておくと，歩行者のエリア間の行き来に関する簡単なシミュレーションモデルを構築することができる。

スーパーマーケットを例にとると，青果コーナー，鮮魚コーナー，精肉コーナー，惣菜コーナー，パンコーナー，乳製品コーナー……，それぞれのエリアの行き来を計測しておくことで，青果コーナーから鮮魚コーナーに移動する割合は40%，青果コーナーから精肉コーナーに移動する割合は20%など，あるエリアから別のエリアへ移動する割合を求めることができる。この割合に基づき，隣接するエリア間を次々に移動することを繰り返すことに

図16-3 1次マルコフの概念図

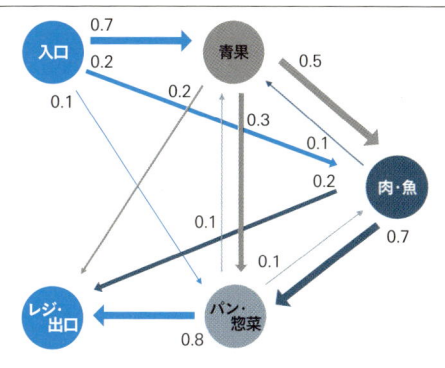

入＼出	青果	肉・魚	パン・惣菜	レジ・出口
入口	0.7	0.2	0.1	－
青果	－	0.5	0.3	0.2
肉・魚	0.1	－	0.7	0.2
パン・惣菜	0.1	0.1	－	0.8

よって，店舗内の移動の様子をシミュレートする簡易なモデルを作成できる。

より複雑なモデルとしては，直前の1つのエリアだけでなく2つのエリアを考慮した移動の割合を利用するモデルが考えられる。例えば，精肉コーナーから青果コーナーに来た人は次に乳製品コーナーに行く傾向が高いというような場合である。このような2つのエリアを考慮した移動を繰り返すモデルは2次のマルコフモデルと呼ばれる。一方，先に挙げたモデルは移動の直前にいた1つのエリアを考慮するモデルなので1次のマルコフモデルと呼ばれる（図16-3）。実際に買い物をする場合は，現在位置やその前に通ったエリアだけではなく，より複雑な思考が働いていると考えられるが，これまでの経験上，店舗全体の様子を再現するには1次マルコフモデルでも十分であることが多い。マルコフモデルは店舗内のモデルに限らず，ショッピングモールにおける店舗間の移動や，旅客流動数に基づく駅と駅の移動，高速道路のIC間の移動などのさまざまな空間で利用できる。

これらマルコフモデルは，目的地設定などの大きな移動方向を決定することに向いている。一方，細かい移動方向の修正については，第Ⅲ部の10章〜13章で紹介したような歩行ルールを採用することで，より精緻なモデル

を構築することができる。

16.5　時間データの活用

　一般的に，人の歩行速度は1m/s前後，4km/h前後と言われているが，災害避難時の歩行速度，通勤通学時の歩行速度，買い物をしている時の歩行速度は，それぞれまったく異なると考えられる。また，他にも年齢や性別による違い，歩きなれた場所と初めての場所での違い，近くの障害物や人々の密集具合によっても影響を受けていると考えられる。

　電波信号やビデオ映像を用いた方法では，ある決まった場所の通過人数に限らず，計測対象者の移動の様子をすべて捉えることができるので，ある場所からある場所への移動にかかった時間や道のり，平均速度を求めることができる。また，ある瞬間の全計測対象者の位置から，その瞬間の密度分布を求めることができるので，密度と歩行速度の関係を導くことが可能である。さらに，計測された1つ1つの軌跡と他のデータとの対応付けが可能であれば，年齢や性別による違いなど，より細かい関係性を導くことができる。

　ここまでは，歩行者が移動している様子の計測やデータ利用についての説明をしてきたが，移動していない様子，すなわち立ち止まっている様子も重要な情報として活用ができる。例えば，高い人気を誇るアミューズメント施設や飲食店舗にできる行列での待ち時間は，列の後ろに並ぼうとしている人の「並ぶかどうかの判断」に大きな影響を与えているはずである。マーケティングの分野では，ウィンドウショッピングを始めとする広告や商品を立ち止まって見ている時間は，「商品の購入につながるかどうか」に関係が深いと考えられる。つまり，ある場所での立ち止まりが後々の行動に影響するという点において，滞留時間を計測しておくことは大変重要である。なお，本章で紹介したVitracom SiteViewは，移動体の特定エリアへの侵入および滞留時間を計測するための機能も備えている（図16-4）。

16.6　各種調査結果との組合せ

　本章では，計測員による計測から電波信号やビデオ画像を用いた計測まで，さまざまな計測方法を紹介してきたが，これらの計測方法から得られる

図16-4 Vitracom SiteViewの滞留時間計測の画面

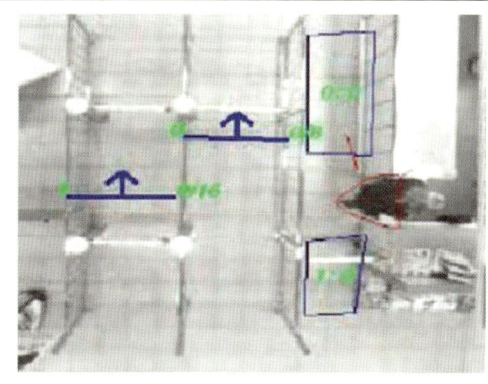

青い線で囲まれた四角形の範囲への侵入と滞留時間を計測する

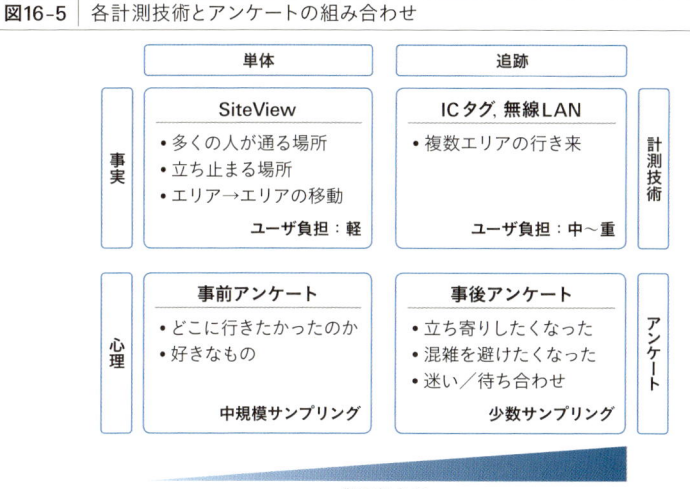

図16-5 各計測技術とアンケートの組み合わせ

	単体	追跡	
事実	**SiteView** ・多くの人が通る場所 ・立ち止まる場所 ・エリア→エリアの移動 ユーザ負担：軽	**ICタグ, 無線LAN** ・複数エリアの行き来 ユーザ負担：中〜重	計測技術
心理	**事前アンケート** ・どこに行きたかったのか ・好きなもの 中規模サンプリング	**事後アンケート** ・立ち寄りたくなった ・混雑を避けたくなった ・迷い／待ち合わせ 少数サンプリング	アンケート

難易度・負担

データは人々が歩き回った結果に過ぎない。多くの人が通る場所，立ち止まる場所，エリア間の行き来のパターンを知ることはできても，何故そのような行動につながったのか，滞留が発生したのは迷いなのか待ち合わせなのか広告や商品を見るためなのかなど，歩行者の移動の思考部分については推測することしかできない。しかしながら，前章で紹介したようなアンケートによる意識調査を同時に行なっていれば，混雑の理由や立ち止まりの理由を裏付けることができ，より現実に即したモデル作りが可能になる。

アンケート調査は，歩行者の移動の思考を知ることができるメリットがある反面，全数調査が難しいことや一回当たりのコストが高いというデメリットがある。本章で紹介した計測技術は，調査員による計測を除いて，計測機器をいったん設置してしまえば一回当たりのコストは非常に安く，ビデオ映像の解析のように歩行者のほぼ全員の動きを捉えることも可能である。

　以上のように，それぞれの長所と短所を考慮することが大切である。例えば，常時計測可能な技術と年に数回のアンケートを利用するなど，各種調査・計測方法を組み合わせて，それぞれの長所と短所を補うことで，より現実に即した歩行者シミュレーションモデルを構築することが可能となる（図16-5）。

（濱井協）

第17章 超高層時代の新しい避難戦略の模索
——超高層ビルでの3000人規模，避難戦略の評価とその意義

17.1 避難をシミュレーションで評価する意義

　本章では，第Ⅲ部で解説した歩行者シミュレーションを応用して，建築物内の避難評価に適用した例を紹介する。

　避難行動は第Ⅲ部で紹介したような通常の歩行行動とは異なるが，人の命に関わるために，さまざまな状況を想定した上で行なうことが非常に重要である。シミュレーションによって避難の評価を行なうことで，実際に災害が発生した際にどの程度避難に時間がかかるのか，どのような場所で混雑が発生してしまうのか，ということが事前に学習でき，より安全で迅速な避難のための改善施策の検討を行なうことができる。

　現在では，2000年に施行された避難安全検証法により，建築物の避難安全性能が認められた場合において，直通階段までの歩行距離や排煙設備等の避難関係規定の一部を適用免除できる事となっている。避難安全性能の検証方法としては，「ルートA」「ルートB」「ルートC」の3種類がある。ルートAでは建築物の仕様のみに関する規定であり，扉の幅などの広さが一定基準を満たしていれば，十分スムーズに避難できるということで，避難の安全性が保たれるとされている。ルートBは，政令や告示で定められた計算式によって安全性を検証する方法で，建築物の構造を入力とし，予想避難時間を算出，在館者が安全に避難できるかを判定する方法である。ルートCは告示で定められた計算式を用いずに避難安全性能を証明する方法だが，[17.1] を読む限り，予想避難時間を算出して安全性を検証する点ではルートBと同じである。

　ルートBの計算では，建物に存在する人たちが建物の出口からどれだけの速さで出ることができるかということで避難時間を評価している。例えて言うならば，建物は人が詰まったタンクであり，外への出口が蛇口のようなイメージである（図17-1）。これは避難者が出口の手前までどんなにスムーズに移動できたとしても，出口が小さければそこがボトルネックとなるため，ほ

図17-1 避難時間算出のイメージ

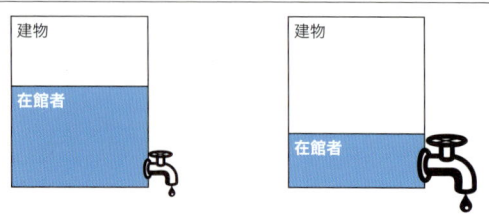

蛇口（出口）が大きいほど，避難は早い

とんどのケースではこの出口の幅で避難の時間が決まる。

　しかしながら，実際の避難時には，障害者や高齢者などの避難弱者の存在が全体の避難効率に大きな影響を与えると考えられる。また，人の流れは混雑すればするほど停滞するので，混雑度合をある程度調整することは避難効率の面でも有利であり，また安全面から考えても有効である。さらに，最近のビルは高層化が進んでいるため，エレベータなしに地上に移動することが困難になっていることや，防火性能が高くなっていることから途中階に避難できる区画を作るなど，速やかに建物の外に出る以外の避難方法も検討され始めている。これら事項は，従来の避難安全性の評価法のなかに取り入れることは非常に困難である。

　そこで筆者らは，森ビル株式会社との共同研究において，上記の事項を取り入れた避難安全を評価するための避難シミュレーションモデルを作成した[17.2]。本シミュレーションモデルは，すでに本書で紹介しているマルチエージェントシミュレーションと呼ばれる手法を用いることにより，避難者個人を一個の行動単位としてモデル化して避難行動中の各個人の状態を追跡することができる。そのため，事前検討に関して上記の事項を取り入れることが可能となる。つまり，避難中の任意の時点における各個人の避難状況を追跡することで，安全な避難を妨げるボトルネックの特定や，避難者の個人特性が避難の安全性に及ぼす影響の評価が可能となり，改善施策の検討を行なうことができる。

　以下の節では，本シミュレーションモデルの概要と評価例を紹介する。

17.2 避難シミュレーションモデルの概要

17.2.1 構成

　本シミュレーションモデルは，対象とする建築物を表わす空間と，その中を避難する避難者で構成されている。空間は対象とする建築物の平面レイアウトを1辺0.4mの正方形からなるセルに分割し，床，壁，什器，階段などの属性を各セルに付与することにより表現している。また複数階からなる建物の場合は，各フロアをレイヤに分け，階段エレベータ部分に上下のレイヤに繋がるセルがあるものとして表現している。避難者エージェントはこの空間上を避難する。

17.2.2 全体フロー

　避難者エージェントは個人ごとに指定された方法に従って，階段あるいはエレベータを利用した避難を行なう。また，避難シナリオの設定項目の1つとして，火災発生告知のタイミングに関する処理が組み込まれている。その他，エレベータを利用した避難の評価のために，エレベータの動作を制御するアルゴリズムが組み込まれている。これらを含むシミュレーションの全体フローを図17-2に示した。

17.2.3 避難者のモデル化

　避難者エージェントは火災発生の告知が行なわれたタイミングで避難行動を開始する。各フロアの出口（階段室入口やエレベータホールなど）に向かって移動し，最終的には避難終了階としてあらかじめ決められたフロアまで階段，エレベータを使って移動する。避難終了階はほとんどの場合，外に出られる地上階になる。ただし，防火処理が施された中層階が一時避難階となることもあるため，避難終了階には任意の階を設定することができる。

　フロア内を移動する際には平面内の各セルに格納された階段室入口等のフロア出口への距離値を取得し，避難者はこの距離値が少なくなる方向を自身の移動目的方向とする（図17-3）。しかしながら，避難者の周囲には壁や机などの障害物に加えて他の避難者も存在するので，避難者は周囲の状況に応じて移動速度や方向を調整しながら移動を行なう。この歩行部分に関しては，第Ⅲ部の第12章と第13章で紹介したASPFの歩行ルールをベースに，避難

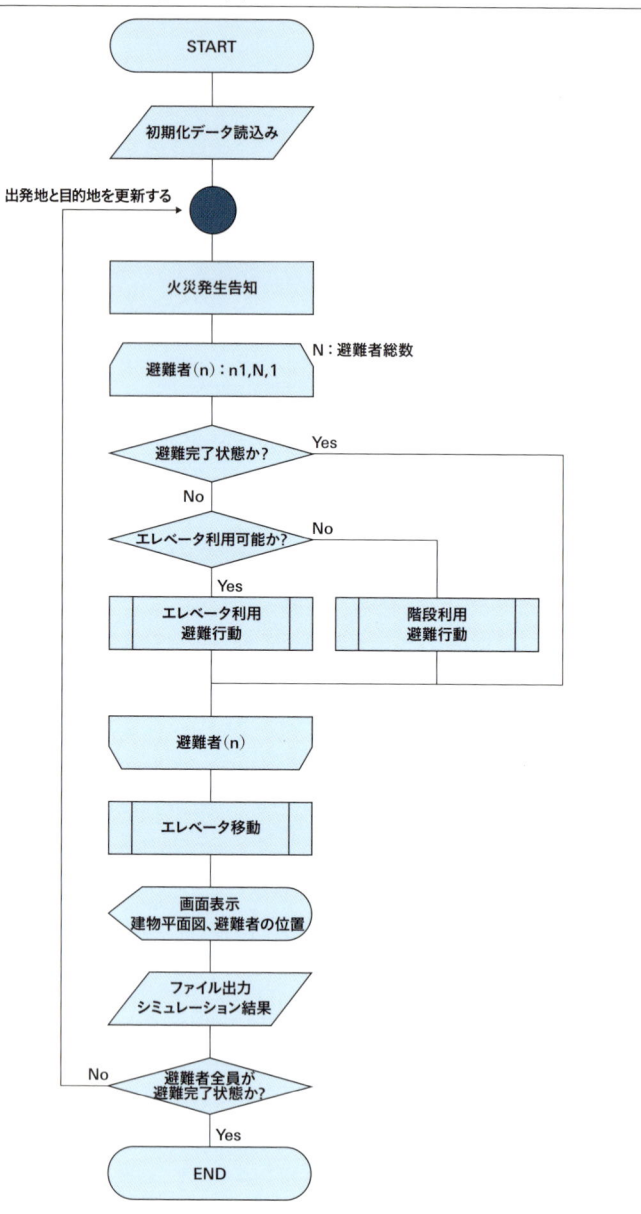

図17-2 シミュレーションの全体フロー図

```
                    START
                      │
              初期化データ読込み
                      │
   出発地と目的地を更新する ●←─────┐
                      │          │
               火災発生告知        │
                      │          │
          避難者(n):n1,N,1    N:避難者総数
                      │          │
                 避難完了状態か? ──Yes──┐
                      │No              │
             エレベータ利用可能か? ──No──┤
                      │Yes             │
              ┌───────┴───────┐        │
          エレベータ利用      階段利用   │
           避難行動          避難行動    │
              └───────┬───────┘        │
                      │←───────────────┘
                  避難者(n)
                      │
               エレベータ移動
                      │
                  画面表示
             建物平面図、避難者の位置
                      │
                ファイル出力
             シミュレーション結果
                      │
          No      避難者全員が
        ┌─────── 避難完了状態か?
        │             │Yes
        │            END
```

図17-3 フロア内の距離値の設定

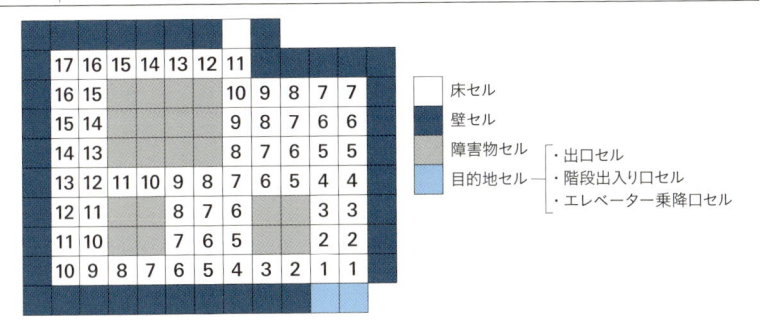

	床セル
	壁セル
	障害物セル
	目的地セル ┬ 出口セル ├ 階段出入り口セル └ エレベーター乗降口セル

時の特性を組み込んだアルゴリズムを使用している。

17.2.4 エレベータのモデル化

　現在，避難時にエレベータを使用することは認められていないが，エレベータを用いた避難の検討ができるようにエレベータも本シミュレーションモデルに組み込んでいる。エレベータの制御アルゴリズムに関してはさまざまな方法が考案されているが，本シミュレーションモデルでは呼びが発生した階に移動して避難者を乗せ，避難者の移動目的階まで移動し，移動中に通過する階で呼びがあれば停止するという基本的なアルゴリズムを用いている。

17.3 シミュレーション事例

17.3.1 評価概要

　評価事例として，42階建ての超高層ビルを対象に避難シミュレーションを行なった結果を紹介する（図17-4）。今回のシミュレーションでは，建築物外に脱出する階となる避難階を2階として在館者が一斉に避難する一斉避難，混雑発生を回避するための避難誘導，エレベータによる避難（現在は認可されていない）を行なった避難の3ケースのシミュレーションを行ない，迅速性・安全性の検討を行なった。避難経路としては東西2ヶ所に設定されている階段の他，エレベータ避難時には計20台のエレベータが利用される。エレベータはバンク単位で停止階が分けられており，各バンクの停止階は第1

図17-4 フロアのイメージ

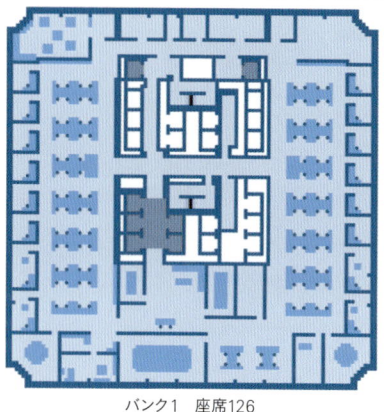

バンク1　座席126

図17-5 エレベータの停止階

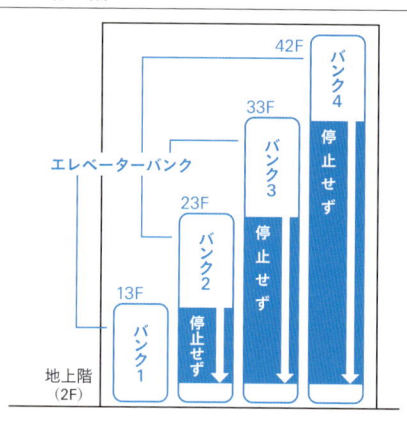

バンク：2階〜13階，第2バンク：2階，3階，14階〜23階，第3バンク：2階，3階，24階〜33階，第4バンク：2階，3階，34階〜42階である（図17-5）。1バンク当たり5台のエレベータが設置されている。その他，エレベータの詳細な仕様については紙面の都合上割愛する。なお，シミュレーションは在館者（避難者エージェント）を3324人，避難者の平均歩行速度は1.1m/sとして実施している。

17.3.2 シミュレーション結果

一斉避難[*1]

　図17-6は，避難者エージェントが階段で一斉に避難した際の個人ごとの避難完了時間を示す．散布図の横軸は火災発生からの時間であり，ポイント1つが一人の避難者の避難終了階の出口に到達した時間（いわゆる避難完了時間）を表わしている．図17-7のグラフは，各避難者が平米当たりの人数5人以上の状態で移動していた時間をヒストグラムにしたものである．将棋倒しは平米当たり3〜5人程度から起こる可能性があると言われているため，平米当たり5人以上の状態で移動する時間が長いほど将棋倒しなどの事故が起こる危険性が高いと言える．

　これら2つのグラフから，以下の3つのことが分かる．

1. 全体の傾向としては高層階の滞在者ほど避難完了が遅くなるが，低層階であっても一部の避難者は避難が大幅に遅れる場合がある（図17-6）
2. 全避難者が大きく2つのグループに分かれている（傾きが大きい直線状に分布する比較的避難完了時間が早い少人数グループ，傾きが小さい直線状に分布する避難完了時間が遅い大人数グループ）（図17-6）
3. 全体の約20%（600人程度）の避難者はほとんど混雑する状況に遭遇することなく避難を行なっているが，半数の避難者は10分以上混雑した状態で移動を行なうことになる（図17-7）

　シミュレーションで評価を行なう場合，個人ごとの避難状況を逐次再現しているため，個人ごとの詳細な行動履歴を用いてこれらの所見に対してより詳細な検討を加えることが可能である．例えば，上記の所見2のグループ分離については，各グループの避難経路を追跡することで問題箇所が見える．避難時間が相対的に早い少人数グループ（傾きの大きい直線状のグループ）の避難者と避難時間が相対的に遅い大人数グループ（傾きの小さい直線状のグループ）の避難者とでは階下に降りる際に利用している階段が異なり，各フロアに2ヶ所ある階段で過疎状態，過密状態がそれぞれ生じていた．このことから，避難時に利用すべき階段をフロア内のエリアごとにあらかじめ取り決めておき，2ヶ所の階段の利用率を均衡させることでフロア全体の避難時間を短縮するなどの施策が考えられる．

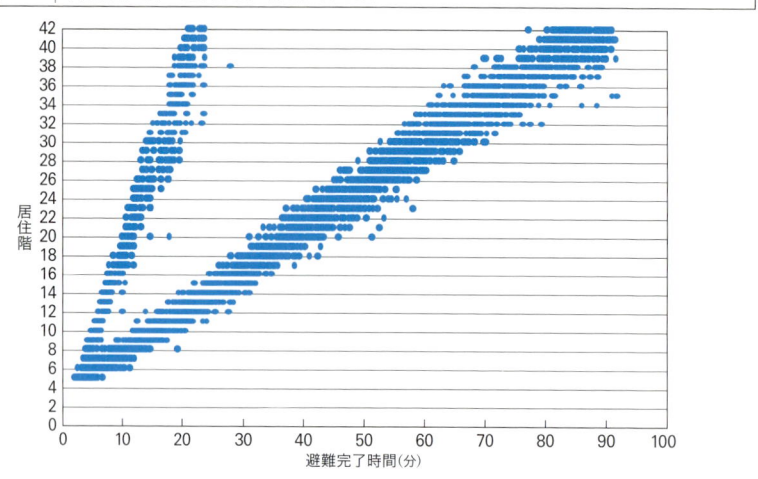

図17-6 各階居住者の避難完了時間(一斉避難)

図17-7 各避難者の避難中の混雑度(一斉避難)

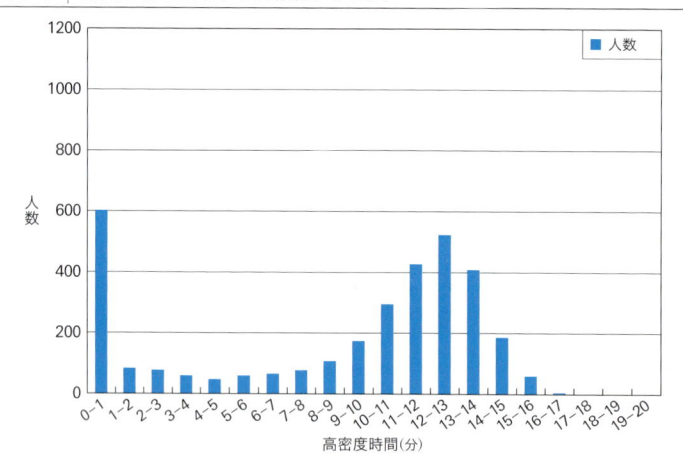

誘導付き避難

　誘導付き避難では，一斉避難と同じく階段のみによる避難を行なうが，2ヶ所の階段の利用率を均衡するように誘導することで，全体の避難時間を短縮する方策を検討する．そこで，2ヶ所ある階段に近い座席位置に従ってフロア内を2エリアに分割し，各々の避難者が使用する階段はあらかじめ決められているものとする．これは，避難体制としてのルールを事前の避難訓

図17-8 各階居住者の避難完了時間(誘導付き避難)

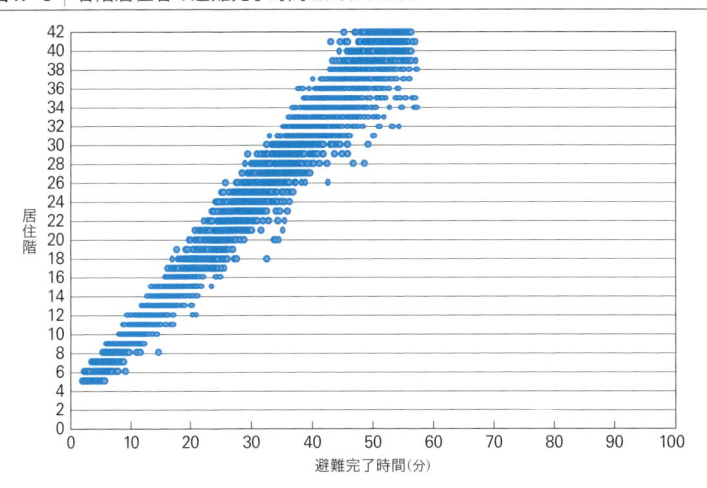

図17-9 各避難者の避難中の混雑度(誘導付き避難)

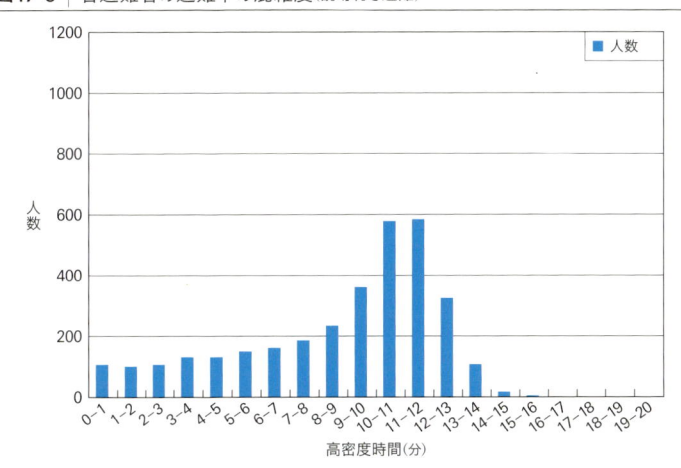

練等により周知させている，あるいは，災害発生時に誘導員等により避難経路の指示が行なわれることに相当する。一斉避難の上記の所見2で述べた，利用する階段が片方に集中する現象を緩和することで避難にどのような影響が出るかを検討することを目的としている。一斉避難の時と同様に，結果を図17-8，図17-9に示す。

第17章 超高層時代の新しい避難戦略の模索

図17-10 エレベータの停止階

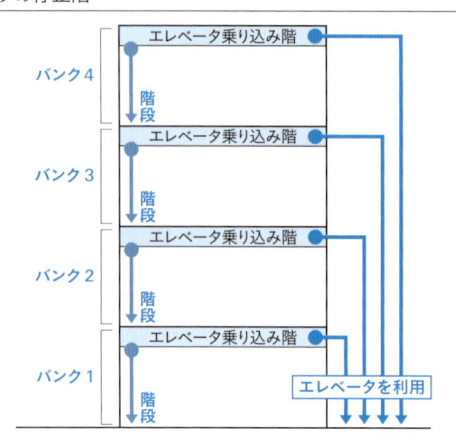

　図17-6と図17-8を比較すると，階段の利用効率の偏りが解消され，避難時間が92分から57分へと約35分短縮されていることが分かる。一方，避難のプロセスは迅速であるだけでなく，身体接触や転倒による事故が起こらないように，安全性の面からも検討されていることが望ましい。避難誘導を実施する前（図17-7）と避難誘導を実施した場合（図17-9）を比較すると，避難者が混雑状況下で移動する時間は減少し，安全性が確保されるようになっていることが分かる。

エレベータ避難[★2]

　エレベータ避難では，避難者は10階ごとに定められたエレベータの乗り込み階まで階段で移動し，エレベータを用いて地上階まで降りる。エレベータへの乗り込み階は，各バンクの最上階である13階，23階，33階，42階とした（図17-10）。これは，すべての階でエレベータへの乗り込みを行なうには，エレベータの移動時間のロスが大きく，避難誘導が困難であると考えられるためである。また，バンク単位で建築されている場合，バンク間には防火処理が施されていることが多いため，やや非効率であるがバンクの最上階を乗り込み階とした。一斉避難の時と同様に，結果を図17-11，図17-12に示す。

　図17-6と図17-11を比較すると，避難時間が92分から38分へと約54分

図17-11 各階居住者の避難完了時間(エレベータ避難)

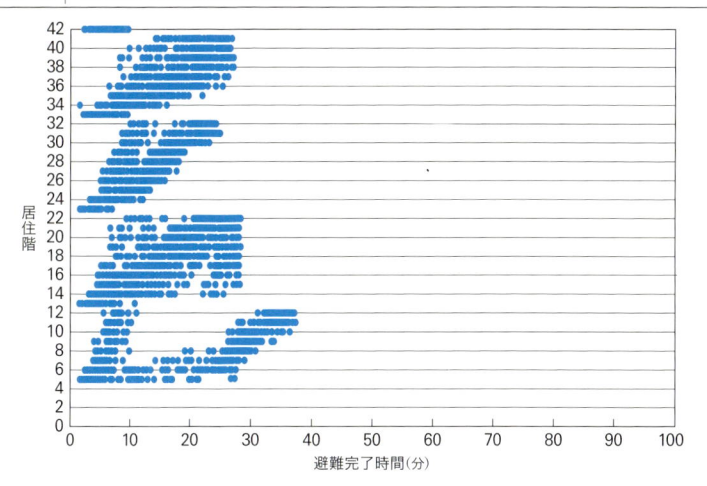

図17-12 各避難者の避難中の混雑度(エレベータ避難)

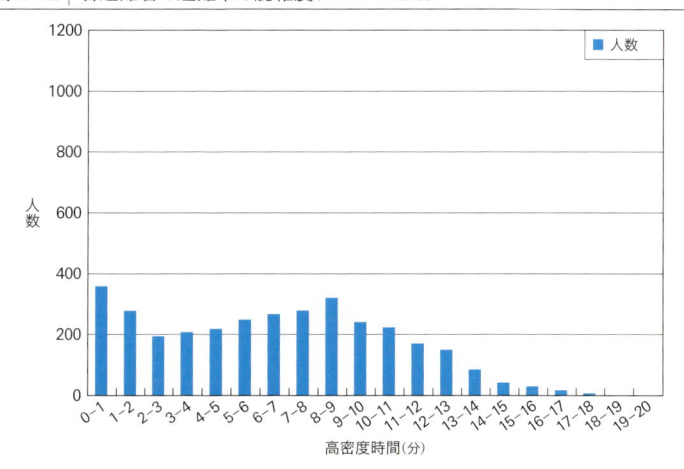

短縮され，避難時間が約3分の1まで短縮されている。これは階段で全避難者が避難した場合は階段内で長い渋滞が発生しているのに対し，エレベータを用いた場合は避難者が乗り換え階に移動した後は，エレベータによってスムーズに避難が行なえるためである。また，避難者が混雑状況下で移動する時間を階段避難の場合（図17-7）とエレベータ避難の場合（図17-12）を比較しても，エレベータ避難の場合の方が混雑状況下の移動時間が短い。しかも，

エレベータ避難の場合に混雑状況が発生するのは，エレベータフロア付近でエレベータを待つ間がほとんどであるため，将棋倒しなどの事故が発生する可能性は階段避難時に比べて低いと考えられる．

17.4 まとめと今後の展望

本章では，第Ⅲ部で紹介した歩行ルール（ASPF）をベースとした避難シミュレーションを用いて，建築物における避難方法を評価する方法を紹介した．実際の建築物に対して検証を行ない，在館者が一斉に避難する場合と，在館者が誘導員の指示に従って指示された階段を避難する場合，エレベータと階段を併用して避難する場合の違いを検討した．このように，シミュレーションによる評価では，全在館者の避難完了時間が短縮されるだけでなく，フロアごとの避難状況の違いや，脱出が遅い避難者と早い避難者の違いが生じる原因の特定，密度を元とした安全性の検討など，従来の避難安全性の評価法では検討されていなかったことも含めることができる．それによって，より避難者の側にたった避難方法の検討が可能となる．

今回，在館者の移動における問題は明らかになった．しかし，実際は火や煙の影響によりさまざまな障害が発生するために，時には人の命が脅かされる状況下での人の移動と，火や煙の移動を組み合わせて検討してゆくことが必要である．今後は，避難安全検証法をもとに火や煙の動作を組込み，これらの複合的な要因を考慮した評価を実施してゆく予定である．

(脇山宗也)

註
★1──付属CD-ROMの「17章」のシミュレーション動画を参照（「一斉避難」）
★2──付属CD-ROMの「17章」のシミュレーション動画を参照（「エレベータ避難」）

終章 **自分のアイデアを実現してみよう**

　歩行者エージェントシミュレーションとは，いわば，人間の空間行動を模擬する企てである．本書では，「二次元空間・粒子アナロジー」のもと，まず，歩行者エージェントの原理，モデル形式，モデリング方法論を解説した．次いで，シミュレーションプラットフォームであるartisocを用いての，歩行者モデルの基本型，L字通路における群集事故分析，商業施設における賑わいイベント効果，遊園地の施設の混み具合についてのアナウンスがもたらす影響，といったシミュレーション事例を紹介してきた．さらに，現在進行中の先端的な研究トピックについても言及して，歩行者エージェントシミュレーションの持つ広範な発展可能性を示してきたつもりである．振り返ってみると，歩行者モデルの説明に力点を置いたため，空間デザインや空間マネジメントの事例がやや疎かになった感が否めない．誰もがクリエーターになれるこの時代，資料文献を参考にしながらサンプルプログラムを自分なりに工夫改良して，空間デザインや空間マネジメントの創造にぜひ活かして欲しいと願っている．

　賢明な読者であれば，本書を読み進めるうちに，自分なりのアイデアが浮かんできたことであろう．ここでは，MASコンペティションに筆者が審査員として何度か立会った経験から，今後活発化すると思われる歩行者エージェントシミュレーション研究の展開方向を，空間側とエージェント側の二側面に分けて述べてゆきたい．

　(1) 空間のデザイン・マネジメント：都市づくり研究に携わってきた筆者は，空間の良し悪し(性能)を，基本的なものから順に「安全」「健康」「利便」「快適」「持続可能」と整理することが多い．

　そのうち「安全」については，本書でも災害時の避難や群集事故予防の研究事例をすでに紹介してきたが，まだまだ続々と有望な研究トピックが登場

するように思える．例えば，欧米では「自転車は車道」という常識が浸透しているが，わが国では都市インフラ整備の遅れから歩道を走る自転車を見かけることも多い．バリアフリー時代には，健常者の通常歩行，高齢者の杖つき歩行，車椅子利用者のいる歩行空間に自転車を乗り入れると，「ヒヤリ・ハット」経験をする人も多く，迷惑この上ない．第7回MASコンペティションでは，このシミュレーションを扱った研究が報告されている[18.1]．また，「健康」については，例えば，歩行者エージェントに万歩計を着けて，健康を増進する空間のあり方を考える，というアイディアはどうであろうか？「利便」について言えば，商店街におけるテナントミックスやドラッグストアにおける商品棚レイアウトの研究がそれにあたる．とくに後者については，いまや幾つものチームが研究に取り組む「熱い」研究トピックとなった．

これに対して「快適」の研究には，未開拓な領域が拡がっている．誰もが自分のペースでのびのび歩きたい．しかし，最近の歩行者の実測研究によると，壁沿いの歩道での歩行速度は広々とした公園での自由歩行速度よりも速いと計測されている[18.2]．誰もが壁沿いを快適に思わないことを考慮に入れると，これは快適さの心理が歩行行動に影響を与える一つの例である．この歩行者のモデリングには，内部に「快適さ」といった心理量を導入することが必要となろう．さらに「持続可能」の研究も，新しい切り口からの試みが期待されている．

(2) 歩行者エージェントの改良：歩行者エージェントは，単なるロボットではなく，もっと「人間くさい」存在であるべきだと思う．人間のうろうろ歩きを「自然な動き（natural movement）」と捉える海外の研究のほかにも，正確なメンタルマップを持たない状況での探索学習，標識・広告の効果，快適さの心理，非常時における発声コミュニケーションといった研究トピックの開拓が望まれている．歩行者エージェントの設計と扱う空間デザインの研究トピックには，車の両輪のような関係があり，互いの研究が共進化することを望んでいる．

本書を通じてこの研究領域に関心を持った学究諸兄姉には，国際学術誌や国際会議に接することをお勧めする．例えば，ロンドン大学高等空間解析セ

ンター (CASA：Centre for Advanced Spatial Analysis,UCL) の M.Batty を編集者に擁する『環境と計画B (Environment and Planning:B)』誌，すでに世界規模の国際大会に成長した「都市計画・経営のためのコンピュータ」会議 (CUPUM: Computer for Urban Planning and Urban Management)，オランダのエイントホーベン大学の国際ワークショップ「意思決定とデザイン支援システム」(DDSS: Decision and Design Support System) に加え，ドイツの複雑系科学グループの主催する国際大会「歩行者と避難者のダイナミクス」会議 (PED: Pedestrian and Evacuation Dynamics) などでは，歩行者エージェントの空間行動シミュレーションの研究報告が着実に増してきている。

また，エージェント・ベースド社会シミュレーション (人工社会) の観点からすると，歩行者エージェントシミュレーションは，エージェント間の相互作用，とくにコミュニケーションをあまり扱わない点，社会システムよりもむしろ空間そのものを多く扱う点，以前から数多くの分野で先駆と言える試みが存在していた点において，かなり異端視されてきた，という認識が筆者にあった。しかし，これらの国際会議でも歩行者エージェントの研究が今や盛んに取り上げられるようになっている。

2008年7月，ワシントンDCに程近いジョージ・メイソン大学で第二回社会シミュレーション世界会議 (WCSS: World Congress on Social Simulation) が開かれ，筆者もこれに参加する機会を得た。このWCSSは，欧米亜の国際学会の連合大会である。第一回は2006年にアジア学会であるPAAA (Pacific Asian Association for Agent-based Approach in Social Systems Sciences) をホストとして京都大学で開催されている。年次国際ワークショップAESCS (Agent-Based Approaches in Economic and Social Complex System) を開催するPAAAからは，東京工業大学の出口教授が基調講演を行なった。筆者にとって印象的だったのは，欧州学会ESSA (European Social Simulation Association) からのD.Helbingによる歩行者動力学モデルの基調講演であった。

本書は，多くの方々のお力添えで実現している。とくに刊行のきっかけを下さった (株) 構造計画研究所の代表取締役CEO服部正太氏，刊行に尽力された (有) 書籍工房早山の早山隆邦氏，図表転載を許諾してくださった先達の皆様におかれましては，代表の編者としてお礼申し上げます。また，研究室のASPFプロジェクトの歴代メンバーであった，矢野光氏，鈴木智彦氏，

岡山大地氏，とくに，プログラム転載に快諾下さった何雁峰氏に感謝いたします。

(兼田敏之)

本書本文中の図版につきまして，以下の団体より転載許可を頂きました。記して感謝致します。(敬称略・50音順)

技報堂出版株式会社
社団法人交通工学研究会
同文書院
社団法人日本建築学会
社団法人日本自動車工業会
理工学社

参考文献

序章

[0.1] 山影進・服部正太編:『コンピュータのなかの人工社会』, 構造計画研究所, 2002.
[0.2] 山影進:『人工社会構築指南』, 書籍工房早山, 2007.

第1章

[1.1] 西成活裕:『渋滞学』, 新潮選書, 2006.
[1.2] http://fseg.gre.ac.uk/exodus/
[1.3] 複雑系としての高密群集の挙動については, 下記HPのビデオクリップも参照のこと。http://www.trafficforum.ethz.ch/crowdturbulence/

第2章

[2.1] 浜田稔他:『建築学体系21—建築防火論』, 彰国社, 1956.
[2.2] 川越邦雄他:『新建築学体系12—建築安全論』, 彰国社, 1983.
[2.3] (財)消防科学総合センター:『地域防災データ総覧』, 1982.
[2.4] Fruin J.: *Pedestrian Planning and Design*, 1971, (長島正充訳,『歩行者の空間』, 鹿島出版会, 1974.)
[2.5] 岡田光正・吉村英祐:「群集歩行モデル」, 日本建築学会編:『建築・都市計画のためのモデル分析の手法』, 井上書院, pp.64–70, 1992.
[2.6] Henderson, L. F.: "The statistics of crowd fluids", *Nature* 229, pp.381–383, 1971.
[2.7] 熊谷良雄:「群衆流動の特性」, 石原舜介監修・梶秀樹他著:『居住環境管理と財政運営』, 技報堂, pp.186–191, 1985.
[2.8] 戸川喜久二:「群衆行動と群衆解析」, 安田三郎:『数理社会学』, 東京大学出版会, pp.145–162, 1973.

第3章

[3.1] 出口弘・木嶋恭一編著:『エージェントベース社会システム宣言』, 勁草書房, 2009.
[3.2] 倉橋節也, 南湖, 寺野隆雄:「逆シミュレーション手法による人工社会モデルの進化」,『計測自動制御学会論文集』, 35 (11), pp. 1454–1461, 1999.
[3.3] 兼田敏之:『社会デザインのシミュレーション&ゲーミング』, 共立出版, 2005.

[3.4] 東京工業大学出口弘研究室：www.soars.jp/

第4章

[4.1] Schelhorn, T, et.al: "STREETS: An Agent-Based Pedestrian Model", Working Paper 9, Centre for Advanced Spatial Analysis, University College London, 1999.
[4.2] Haklay, M. Thurstain-Goodwin, M. O' Sullivan, D. and Schelhorn, T. : "So go downtown : simulating pedestrian movement in town centres", *Environment and Planning B* 28, pp.343-359, 2001.
[4.3] 藤岡正樹：「群集と避難」，梶秀樹・塚越功編『都市防災学 地震対策の理論と実践』，学芸出版社，pp.128-134，2007.
[4.4] Burstedde, C, et.al: "Celluar Automaton Approach to Pedestrian Dynamics-Applications, Schreckenberg M. and D", Sharma S. (eds), *Pedestrian and Evacuation Dynamics*, Springer-Verlag, pp.87-98, 2002.
[4.5] Burstedde, C., Klauck, K., Schadschneider, A., and Zittarz, J. : "Simulation of pedestrian dynamics using a twodimensional cellular automaton", *Physica A*, 295, pp.507-525, 2001.

第5章

[5.1] 渡邊昭彦・森一彦：「経路探索モデル」，日本建築学会編『建築・都市計画のためのモデル分析の手法』，井上書院，pp.71-84，1992.
[5.2] 室崎益輝：『現代建築学 建築防災・安全』，鹿島出版会，pp.33-44，1993.
[5.3] Turner, A., and Penn, A.: "Encoding natural movement as an agent-based system: an investigation into human pedestrian behavior in the built environment", *Environment and Planning B: Planning and Design* 29, pp. 473-490, 2002.
[5.4] 広瀬弘忠：『人はなぜ逃げおくれるのか──災害の心理学』，集英社新書，2004.

第6章

[6.1] 岡田光正・吉田勝行・柏原士郎・辻正矩：『建築と都市の人間工学』，鹿島出版会，pp.1-70，1977.
[6.2] 日本建築学会編：『建築設計資料集成3単位空間Ⅰ』，丸善，pp.50-57, 1980.
[6.3] 日本建築学会編：『建築設計資料集成［人間］』，丸善，pp.125-145，2003.
[6.4] 明石市：『明石市民夏まつりにおける花火大会事故調査報告書』，2002.
[6.5] 岡田光正：『建築人間工学 空間デザインの原点』，pp.147-168，理工学社，1993.
[6.6] Willis et al: "Human movement behavior in urban spaces", *Environment and Planning B：Planning and Design* 31, pp.805-828, 2004.

第7章

[7.1] 中村和夫：『歩行行動に関する物的環境の影響，歩行行動に関する研究報告書』，日本自動車工業会，pp.46-70，1977．

第8章

[8.1] 日本建築学会：『建築物の火災安全設計指針』，丸善，2002．
[8.2] 交通工学研究会：『交通工学ハンドブック』，技報堂，p.107，1984．
[8.3] 野村宏彰，海老原学，矢代嘉郎：「避難距離期待値に基づく避難経路の明解性の定量的評価」，『日本建築学会大会学術講演梗概集』，pp.80-81，1997．
[8.4] 村上處直：『都市防災計画論』，同文書院，p.62，1986．

第9章

[9.1] Epstein, J.M., and Axtell, R. : Growing Artificial Societies, 1996，服部正太・木村香代子訳，『人工社会―複雑系とマルチエージェント・シミュレーション』，構造計画研究所，1999．
[9.2] 水野誠・西山直樹：「テレビ視聴者の行動―実データに適合するエージェントベースモデリングの試み」，[0.1] 所収．

第10章

[10.1] Fukui, M. and Ishibashi, Y. : "Self-organized phase transitions in cellar automaton models for pedestrians", *Journal of the Physical Society of Japan*, 68：pp.2861-2863, 1999.

第11章

[11.1] 兼田敏之：「複雑系のモデリング」，日本建築学会編，『複雑系と建築・都市・社会』，技法堂出版，pp.152-173，2005．
[11.2] Kaneda,T., and Suzuki, T. : "A simulation analysis for pedestrian flow management", Terano,T. et.al (eds.), *Agent-Based Simulation From Modeling Methodologies to Real-World Applications*, Springer, pp.220-229, 2005.
[11.3] 鈴木智彦・伊藤悠太郎：「エージェントアプローチによる群集流動のシミュレーション分析―明石歩道橋事故の再現を通じて―」，『第4回MASコンペティション論文集』，構造計画研究所，pp.195-202，2004
[11.4] Kaneda,T., and Okayama, D. : "A Pedestrian Agent Model Using Relative Coordinate Systems", Terano,T, et.al (eds.), *Agent-Based Approaches in Economic and Social Complex, System V, Post-Proceedings of The AESCS International Workshop 2005*, Springer, pp.63-70, 2007.

[11.5]　Kaneda,T., and He,Y. : "Modeling and Development of an Autonomous Pedestrian Agent — As a Simulation Tool for Crowd Analysis for Spatial Design", Terano,T. et.al (eds.), *Agent-Based Approaches in Economic and Social Complex, System V, Post-Proceedings of The AESCS International Workshop 2007*, Springer, pp.131-142, 2009.

[11.6]　何雁峰・兼田敏之:「目的地移動機能を有する自律的歩行者エージェントによる群集シミュレーションの研究」,『第7回MASコンペティション論文集』, 構造計画研究所, pp.77-86, 2007.

[11.7]　『明石市民夏まつりにおける花火大会事故調査報告書』, 事故調査委員会, 2002.

第13章

[13.1]　辺見和晃:「来園者に優しいテーマパーク―混雑緩和問題と情報の共有」, pp.124-139, [0.1]所収.

第14章

[14.1]　Helbing, Farkas, and Vicsek: "Simulation dynamical features of escape panic", *Nature* 407, pp.487-490, 2000.

[14.2]　Helbing, Molnár, Farkas, and Bolay: "Self-organizing pedestrian movement", *Environment and Planning B: Planning and Design* 28, pp.361-383, 2000.

[14.3]　稲垣靖宏:「連続空間上における歩行者動力学モデルに関する研究」,『第9回MASコンペティション論文集』, 構造計画研究所, pp.31-50, 2009.

[14.4]　Helbing, et al: "Simulation of pedestrian crowds in normal and evacuation situations", Schreckenberg M. and D. Sharma S. (eds), *Pedestrian and Evacuation Dynamics*, Springer-Verlag, pp.21-58, 2001.

[14.5]　Helbing, Farkas, and Vicsek: "Freezing by heating in a driven mesoscopic system", *Physical Review Letters* 84, pp.1240-1243, 2000.

第15章

[15.1]　兼田敏之・吉田琢美:「歩行者回遊行動のエージェントモデリング」,『オペレーションズ・リサーチ』2008年12月号, pp.672-677, 2008.

[15.2]　石橋健一:「回遊行動モデルからみた都心空間評価」, 熊田禎宣監修・計画理論研究会編『公共システムの計画学』, 技報堂出版, pp.177-193, 2000.

[15.3]　兼田敏之・横井祥晃・高橋俊一:「施設種間推移を考慮した歩行者回遊行動シミュレーション・モデルの開発」,『シミュレーション&ゲーミング』11 (2), pp.17-23, 2001.

[15.4]　Yoshida,T., and Kaneda,T.: An Architecture And Development Framework For Pedestrians' Shop-Aroud Behavior, *10th International Conference on Computers in*

Urban Planning and Urban Management (Paper−215), 2007.

[15.5]　Rubinstein, A.: Modeling Bounded Rationality, MIT Press, 1998,（兼田敏之・徳永健一訳『限定合理性のモデリング』, 共立出版, 2008.）

[15.6]　荒川雅哉・兼田敏之：「名古屋都心域における回遊行動の冗長性に関する分析」, 『日本建築学会計画系論文集』556, pp.227−233, 2002.

[15.7]　大岩優佳理・山田哲也・三阪朋彦・兼田敏之：「回遊行動からみた商店街複合地区の動態分析——名古屋市大須地区をケーススタディとして——」, 『日本建築学会技術報告集』21, pp.469−474, 2005.

第 17 章

[17.1]　国土交通省住宅局建築指導課, 国土交通省建築研究所, 日本建築主事会議, 財団法人日本建築センター編：『2001年版　避難安全検証法の解説及び計算例とその解説』, 2001.

[17.2]　脇山宗也, 木村香代子, 添川光雄：「超高層建物を対象とした火災避難シミュレーションシステムの構築」,『第51回自動制御連合講演会講演論文』, pp.1008−1011, 2008.

終章

[18.1]　高根健一：「マルチエージェントモデルを用いた都市内混合交通流解析手法の研究」,『第7回MASコンペティション論文集』, 構造計画研究所, pp.47−50, 2007.

[18.2]　伊藤美穂, 松本直司：「都市における街路空間の魅力と歩行速度の関係」,『日本建築学会　大会学術講演梗概集』E−1分冊, pp.589−590, 2008.

[18.3]　MASコンペティションについてはhttp://mas.kke.co.jp/index.php

索引 | 用語・事項・人名

略語・記号

ABSS（→表0-1をみよ）001, 019
ASPFモデル 035, 097, 098, 101-112, 135-146, 175, 184
ASSA 160-163
BASIC 001, 025
EXODUS 011
Herbing, Dirk 017, 033, 151, 153, 154
KISS原理 022-023
KK-MAS 069-070
LLPM 158-159
LOGO 001, 025
PUN 154
RSU方式 154
STREETSプロジェクト 031
Vitracom Site View 166-167, 170, 171
Waypoint 100, 102, 118-119, 122, 123, 129

ア行

明石歩道橋事故 008, 113-114
アクセルロッド（Axelrod, Robert）024
アーチング現象 062, 153
artisoc 001, 007, 069-071,
　　──を使った歩行者の移動表現 079-097
安全間隔モデル（宮田モデル、二次曲線モデル）014, 015
一方向流 055-059
イベント効果の予測 001, 002, 185
イベント視認 117, 122, 123, 125, 126, 130, 133
イベント誘因率 123, 126, 130, 132-133
イベント離脱率 132-133
引力型ロジットモデル 157
影響関数モデル（中村モデル）014, 015
エージェント（→表0-1をみよ）001, 007, 008
エージェント集合型変数 129, 140, 144
エージェントモデリング 001
エージェント・ベースド・社会シミュレーション
　　（→表0-1をみよ）（→ABSS）001, 008, 019
　　歩行者── 001
L字通路（モデル）002, 099-101, 113, 185
追越流 055, 056
大阪千日デパートビル火災 065-066
「オッカムの剃刀」022

カ行

開発プラットフォーム 001
回避行動 093
外部化 020
回遊行動 041-42, 157-163
　　──エージェントモデリング 160-163
　　──モデル 157
カージオイド型感度係数 152
可視化 020
可視性 008
可読性 008, 009
間隔比例モデル 014
希望巡航速度 151
木村・伊原式（ベキ乗モデル）013
局所密度 008
空間行動 001
空間相互作用モデル 157-158
空間のデザイン・マネジメント 185
組み込み関数 141, 144
群集事故 001, 008, 009, 011-012, 048, 057, 100, 113-114, 153, 185
　　──発生メカニズム 009
群集なだれ 049, 113
群集密度 014-016, 045-050, 090-093, 113, 130, 131
群集誘導 008, 027
群集流（→表0-1をみよ）001, 002, 007, 013, 027, 099
計画機能モデル 031
計画行動 160-162
経路最短化原理 031
経路選択機能モデル 031
建築基準法 008, 010
限定合理性モデル 159
交差流 014, 027, 055-57
交錯流 014, 027, 055
構成的モデリング 021-023
行動選択モデル 157
向目的地行動 039, 041
効用値 138-141
合理性仮定緩和アプローチ 159-160
合理性モデル 159
顧客満足度 135

索引 | 195

コンフリクト処理方式 034

サ行

サイモン（Simon, Herbert A） 159-160
　　──の満足化原理 160
再スケジューリング 160-162
参加型モデリング 009, 024
恣意的 009
ジェイコブス, J.（J.Jacobs） 008
時間刻み 033, 153, 154
時間消費行動 039, 041
自己駆動粒子（モデル） 009, 030
自己組織化 001, 017, 019
自然渋滞発生シミュレーション 071-074
視聴者行動 074-076
シミュレーション言語（モデル記述言語） 009
社会作用力 034, 152
ジャマラ橋 011-012
集団凝集力 152
障害物回避力 152
将棋倒し 048, 100
商業空間・賑わい空間 008
商業施設モデル 002
商業集積地区 158
衝撃波（shockwave） 016, 030
冗長性解析 160
場内アナウンス 001, 009
人工社会パラダイム（あるいはABSS） 017, 019-021
人体尺度 045
推移確率行列 157-158
随時行動 160-162
スケジューリング 160-161
セル空間（表現） 002, 032-033, 079, 083-088, 093, 094, 095, 097, 099, 100, 101, 109, 154
相互作用機能モデル 030
相互干渉処理方式 154
層化現象 055-056
層流秩序 017, 055, 153
即応行動 160-162
即応歩行 160-162

タ行

対向流 014, 055-058, 113
　群集──モデル 002
代替行動 160-162
多項ロジットモデル 074

多主体系（→表0-1をみよ） 001
ターナー（Turner, A） 042
多用事・多立寄り 157
探訪行動 039-040, 042
追従モデル（交通動力学モデル） 014, 015
通勤行動 039, 040
通勤群集 057
定量流動モデル（反比例モデル） 014
手続き的合理性 159
寺野隆雄 020
戸田式（反比例モデル） 013

ナ行

賑わいイベント 001, 002, 009
二次元（セル）空間・粒子アナロジー 001, 007, 032, 151, 185
二方向流 060
ネットワーク表現 032-033, 079

ハ行

パニック行動 039-040, 042
ハフモデル 157-158
反社会行動 039, 040, 042
非通勤者流 014, 057
避難
　──安全検証法 173
　──計画 001, 061-065
　──経路 064-065
　──行動（プロセス） 008, 039-041
　──効率 174
　──シミュレーション（モデル） 001, 009, 011, 174-184
　──者エージェント 178-179
　──弱者 174
　──パニック状況 151, 152-154
　一斉── 179
　──エレベータ 182-183
　誘導付き── 180-182
非マルコフ型エージェントモデル 159, 163
ヒューリスティック・ルール 159
複雑系（→表0-1をみよ） 001, 017, 019
フォン・ノイマン（Von Neumann） 021
平常状況 151
複雑系科学（→表0-1をみよ） 007, 009
物理粒子モデル 029, 030
ブラックボックス 009
フルーイン式（線形モデル） 013

フロアフィールド　034-035
ヘンダーソン（Henderson, L.F.）　014, 050
歩行空間デザイン　001, 008
歩行者エージェントシミュレーション
　（→表0-1をみよ）　001, 002, 007, 011
歩行者（→表0-1をみよ）　007
　――空間行動　039
　――駆動力　151
　――研究　002
　――動力学モデル（社会作用力モデル）　151,
　　154-155
　――の寸法　002
　――密度　002, 046, 099
歩行速度　050-053, 061, 090, 093
歩行目標維持機能（モデル）　031, 117-118
歩行目標更新機能　119-122
ポッパー（Popper, Karl）　023

マ行｜
待ち行列　142-146
マルコフ型回遊行動モデル　158-159, 169
マルコフ性　158

マルチエージェントシステム　019
ミクロ＝マクロ連関（→表0-1をみよ）　001, 017,
　019
メンタルマップ　039-042, 162

ヤ行｜
遊園地モデル　002
「幽霊パニック」　153
ユーザ定義関数　122, 130

ラ行｜
離散近似　154
流体力学モデル（対数モデル）　014, 015, 016
流動係数　058-060, 062
領域群集密度　131
領域頂点集合　124-125, 129
ルールベース・アプローチ　157, 159
連続空間（表現）　002, 032, 079-083, 094, 109,
　151
ロジット＝ポアソン結合モデル　158
ロジットモデル　158

企画・編集者ならびに執筆者

編著者代表:兼田敏之(かねだ としゆき)
1960年東京生まれ，1983年東京工業大学工学部社会工学科卒業，1988年同博士課程修了，工学博士，愛知県立大学文学部助教授，名古屋工業大学工学部助教授などを経て，現在，名古屋工業大学大学院工学研究科教授(創成シミュレーション工学専攻・都市シミュレーション工学分野)。専門は社会工学，都市計画，社会シミュレーション。著書『社会デザインのシミュレーション&ゲーミング』(2005年)，訳書，バーネット『都市デザイン[野望と誤算]』(2000年)，ルビンシュタイン『限定合理性のモデリング』(2008年，共訳)，編書『Agent-Based Simulation — From Modeling Methodologies to Real-World Applications』(2005年，共編)

企画・編集 (50音順)
兼田敏之(名古屋工業大学兼田研究室，企画・編集)
木村香代子((株)構造計画研究所創造工学部，企画)
坂平文博((株)構造計画研究所創造工学部，編集)
森俊勝((株)構造計画研究所創造工学部，artisocプロダクトマネージャー)

執筆者
名古屋工業大学兼田研究室(含，卒業生)(50音順)
　稲垣靖宏
　兼田敏之
　崔青林 博士(工学)
　三阪朋彦 一級建築士，博士(工学)
　吉田琢美 博士(工学)

(株)構造計画研究所創造工学部(50音順)
　坂平文博
　新保直樹
　鈴木由宇
　瀬良浩太
　濱井協
　森俊勝
　脇山宗也

人工社会の可能性 03 | artisocで始める歩行者エージェントシミュレーション
原理・方法論から安全・賑わい空間のデザイン・マネジメントまで

2010年4月16日初版第一刷発行

編著者代表　兼田敏之

発行者　　　服部正太

発行所　　　株式会社　構造計画研究所
　　　　　　〒164-0012
　　　　　　東京都中野区本町4-38-13
　　　　　　電話　03-5342-1100（代表）

発売所　　　有限会社　書籍工房早山
　　　　　　〒101-0025
　　　　　　東京都千代田区神田佐久間町2-3　秋葉原井上ビル602号
　　　　　　電話　03-5835-0255　FAX 03-5835-0256

©Kaneda Toshiyuki & KOZO KEIKAKU ENGINEERING Inc. 2010
Printed in Japan ＜検印省略＞
印刷・製本　精文堂印刷株式会社
ISBN 978-4-904701-17-1 C3030

乱丁本・落丁本はお取替えいたします。定価はカバーに表示してあります。

(株)構造計画研究所では，マルチエージェントシミュレーション・プラットフォーム(KK-MAS, artisoc)に関して，以下の書籍の刊行，制作支援を行なっています。
参照して頂けると幸いです。

人工社会
―― 複雑系とマルチエージェント・シミュレーション
J.M.Epstein, R.Axtell 著，服部正太・木村香代子 訳
✤ 構造計画研究所, 1999

コンピュータのなかの人工社会
―― マルチエージェントシミュレーション モデルと複雑系
山影進・服部正太 編
✤ 構造計画研究所, 2002

人工社会構築指南
―― artisocによるマルチエージェント・シミュレーション入門
山影進 編
✤ 書籍工房早山, 2007

Modeling and Expanding Artificial Societies
―― Introduction to Multi-Agent Simuration with Artisoc
Susumu Yamakage
✤ 構造計画研究所, 2009